ALGER AU XVIIIE SIÈCLE

PUBLICATIONS DE L'ÉDITEUR

Observations sur les coudées du Mekyâs (Paris, 1873, in-8°).

Le Se'âdet Nâmeh de Nacer ed-Dîn Khosroû, texte persan et traduction (Leipzig, 1880, in-8°).

Œuvres choisies de A. J. Letronne (Paris, 1881-1885, E. Leroux, 6 vol. in-8°).

Concordances du Manuel de droit de Sidi Khalîl (Alger, chez Fontana, 1889, in-8°, 368 pages).

Catalogue des manuscrits arabes, turcs et persans de la Bibliothèque-Musée d'Alger. Forme le t. xviii du *Catalogue général des Manuscrits des Bibliothèques publiques de France* (Paris, chez Plon, 1893, in-8°, xxxii-680 pages).

Histoire des Almohades d'Abd el-Wâhid Merrâkechi, traduction française (Alger, chez Jourdan, 1893, in-8°, 332 pages).

Le signe distinctif des Juifs au Maghreb (*Revue des études juives*, avril-juin 1894).

Chihab ed-Dîn Dimechki (*Revue africaine*, 1894).

Chronique des Almohades et des Hafcides attribuée à Zerkechi (Constantine, 1895, vi-298 pages in-8°).

Un Chant algérien du XVIIIe siècle, recueilli et traduit par V. de Paradis (Alger, Jourdan, 1885).

Ibn el-Athir, Annales du Maghreb et de l'Espagne, traduction française annotée (en cours de publication).

ALGER AU XVIIIe SIÈCLE

PAR

VENTURE DE PARADIS

ÉDITÉ PAR

E. FAGNAN

ALGER
TYPOGRAPHIE ADOLPHE JOURDAN
IMPRIMEUR-LIBRAIRE-ÉDITEUR
4, Place du Gouvernement, 4

1898

ALGER AU XVIIIᴱ SIÈCLE

Dans le recueil en cinq volumes constitué par les papiers Venture de Paradis et conservé à la Bibliothèque nationale, une partie du tome I se compose des notes recueillies par ce savant, et relatives à Alger, où il se trouvait encore vers 1789 (1). Elles portent le simple titre de « *Notes sur Alger* ». Elles ont été probablement rédigées dans cette ville même, car le papier sur lequel elles sont écrites porte les traces évidentes des coupures opérées par le service des quarantaines lors de l'arrivée des paquets à Marseille. Elles devaient, dans la pensée de l'auteur, recevoir une forme définitive qu'il n'a pas eu le temps de leur donner ; à plusieurs reprises, on trouve les mêmes faits répétés sous deux ou même trois formes, différant à peine entre elles ; des traces d'eau ont, en plusieurs endroits, rendu très pénible la lecture d'une écriture passablement menue ; plusieurs feuillets sont déplacés, car le classement de ces notes a été imparfaitement opéré par la personne chargée de ce soin lorsque la Bibliothèque les fit relier ; elles sont écrites tantôt à pleines pages, tantôt sur deux colonnes, soit verticalement, soit horizontalement, et maintes fois la marge renferme des annotations ou des compléments ; elles présentent enfin un caractère fragmentaire, dû peut-être à ce que certaines pages se sont perdues ou à la circonstance que l'auteur n'a pas achevé de noter tous les faits qu'il se proposait de colliger.

L'éditeur n'a introduit aucun changement quelconque dans un texte qu'il a cru intéressant de mettre au jour ; il s'est borné à rap-

(1) Cf. la notice de Jomard sur la vie et les travaux de ce savant, en tête de l'ouvrage intitulé *Grammaire et dictionnaire abrégés de la langue berbère*, Paris, 1844.

procher, à déplacer parfois certains fragments d'après la nature des renseignements qu'ils fournissent, à mettre entre crochets ou à rejeter au bas des pages une rédaction légèrement différente, mais qu'il peut y avoir profit à respecter, le tout de manière à permettre au lecteur de s'orienter plus facilement. La transcription des mots arabes ou turcs, qui d'ailleurs n'est pas uniforme partout, a été le plus possible respectée.

E. FAGNAN.

Situation d'Alger

La ville d'Alger donne son nom à tout le royaume; elle est le siège du gouvernement et le centre des forces de l'État. Elle est située à 36 degrés et 30 minutes de latitude nord et à 21 degrés et 20 minutes de longitude.

Rien n'annonce qu'Alger soit une ville ancienne. Elle a été probablement bâtie par les Maures, depuis qu'une grande ville qui existait sur le cap Matifou aura été détruite dans quelque révolution ; on y trouve des ruines très étendues, et les pierres des grands édifices qu'il y avait ont servi aux Algériens à faire une partie de leurs fortifications. Cette ville de Matifou pourrait bien être celle à qui Juba II, père de Ptolémée, donna le nom de Julia Cæsarea en reconnaissance des bienfaits qu'il avait reçus de César Auguste. Je laisse aux savants le soin de vérifier mes conjectures.

On peut compter aux environs d'Alger 16,000 jardins ou métairies qu'on nomme حوش (haouch). Comme le beilik hérite de tout homme qui ne laisse point de postérité, il se trouve possesseur d'un grand nombre de ces jardins et de ces métairies, qui fournissent tout ce qui est nécessaire pour l'armement des corsaires, la provision des camps et des garnisons et la table du gouvernement et celle de l'ogeac qui se tient chez l'aga des deux lunes.

Alger peut avoir 5,000 maisons en comptant 180 maisons juives. Il n'y a dans la ville ni places publiques, ni jardins : les rues y sont extrêmement étroites. Mais on doit observer que les appartements sont toujours bâtis à l'entrée d'une cour plus ou moins vaste, selon la maison, et que ces cours mangent beaucoup de terrain. Alger a l'étendue qu'aurait en France une ville de vingt-cinq à trente mille âmes, et je pense que l'on approcherait de sa vraie population en l'évaluant à cinquante mille âmes, eu égard au nombre des femmes qui sont toujours enfermées et qui n'augmentent jamais la foule (1). Parmi ces 50,000 âmes, on peut compter 6,000 Couloglis, 3,000 Turcs levantins, 7,000 Juifs, 2,000 esclaves et autres chrétiens, et 32,000 Maures, parmi lesquels seront compris les gens de Biscara, qui font ici l'office que les Savoyards et les Auvergnats remplissent à Paris; les Zevawis, les Mozabis, les Gerbavis, etc. Je ne compte que 3,000 Turcs à Alger, parce que les garnisons des places, les camps et les sipahis qui sont au service des beys enlèvent toujours une grande partie des 7 à 8,000 Turcs levantins. Ces 3,000 Turcs, au milieu de tant de peuples qui sont intérieurement leurs ennemis, suffisent pour maintenir tout dans l'ordre et l'obéissance, mais ce n'est que par une extrême vigilance qu'ils peuvent y parvenir, et ils ne doivent jamais l'oublier. Les Couloglis sont encore plus leurs ennemis que les Maures, et il n'y a peut-être dans Alger que les consuls européens qui désirent leur prospérité.

Les Arabes et les Turcs nomment la ville d'Alger

---

(1) Ailleurs on lit (f. 97) : « On pourrait peut-être juger de la population d'Alger par les moulins à farine qu'il y a dans la ville, moulins à meules tournées par des mules ou des chameaux ; il y en a vingt-cinq tenus par les Mozabis, qui font au plus trente mesures chacun par jour. »

Gezair-el-Garb جزاير الغرب, c'est-à-dire les îles de l'Occident, et cette dénomination lui vient des petites îles qui étaient devant la ville et sur lesquelles sont assises maintenant les fortifications de la marine. En 1505, les Espagnols, après s'être rendus maîtres d'Horan, forcèrent les habitants maures d'Alger à leur laisser construire, sur la plus grande de ces îles, un petit fort où ils mirent quelque artillerie, pour empêcher le départ et l'entrée des corsaires mahométans. Cheref ed-Din, le père de Barberousse (1), détruisit en 1530 ce fort qui l'incommodait, et où commandait alors Martin de Vargas, qui fit avec une poignée de monde une très longue résistance. Lorsque ce château fut détruit, Cheref ed-Din [*lis.* Khérédine] fit construire un môle depuis la ville jusqu'à cette île principale, pour mettre les vaisseaux à l'abri du vent du nord et du nord-est. Ce môle a été fort élargi sous le règne de Baba Ali. Ces travaux et les jetées que l'on a faites ensuite ont rendu le port d'Alger plus sûr. Mais dans les tempêtes qui surviennent du nord et du nord-est, les vaisseaux souffrent beaucoup par le retour de la mer, et il faut qu'ils soient amarrés de quantité de câbles pour ne point se briser.

Port. — Le port est artificiel ; on a joint à la terre ferme quelques îlots pour former ce port, par un môle d'environ 500 pas géométriques, qui va nord-est et sud-ouest. On en a pratiqué un autre sur les mêmes rochers presque aussi long que le premier, situé nord et sud, qui couvre le port. Il regarde le midi ; la largeur de sa passe est à peu près la moitié de celle du port de Marseille ; il n'a guère plus de profondeur que de largeur. Il y a partout 14 ou 15 pieds d'eau. Dans le bombardement des Espagnols, les Algériens coulaient à fond leurs corsaires pour les préserver de la bombe. Le fond du port fait cependant un coude où les bâtiments souffrent beaucoup

(1) Il y a là un *lapsus :* lisez Khérédine ou Barberousse.

moins du ressac de la mer dans les gros temps ; c'est là où sont placés les vaisseaux de la Régence. Les bâtiments marchands mouillent à l'embouchure amarrés de plusieurs câbles, et ils n'en peuvent trop avoir pendant l'hiver. Il faudrait néanmoins bien peu de chose pour faire de ce port un excellent abri : une jetée de 15 à 20 brasses qui, partant de l'île sur laquelle sont assises les fortifications, s'avancerait un peu en biaisant dans la rade suffirait pour éloigner les vagues et en faire un abri sûr contre toutes les tempêtes.

La rade d'Alger n'est point dangereuse bien qu'elle soit ouverte au nord et à l'ouest ; la tenue y est excellente et peut-être n'y est-il plus arrivé de naufrages depuis la malheureuse expédition de Charles-Quint. Les Espagnols dans leurs dernières tentatives y ont cependant laissé beaucoup d'ancres.

Durant notre dernière guerre, M. de la Porte, chef d'une division de trois frégates, y endura un gros coup de vent dans le mois de janvier.

En 1780, le 28 octobre, M. de la Porte, commandant une division d'une frégate et deux corvettes, vint mouiller à la rade d'Alger pour y prendre sous son escorte les bâtiments français qui chargeaient dans ce temps là ; il survint une furieuse tempête qui le mit fort en souci.

Les frégates hollandaises y font tous les ans un long séjour durant la mauvaise saison pour venir porter le tribut. En 1784, M. Harenberg, commandant une escadre hollandaise de quatre vaisseaux ou frégates, endura dans le mois de janvier une des plus fortes tempêtes qu'il y ait eu sur mer sans qu'aucun de ses vaisseaux eût chassé.

Mais ce qu'il y a de plus dangereux, ce sont les mauvaises exhalaisons qui partent de la rivière de l'Harach et des étangs de la Métidgé : depuis le mois de juillet jusqu'après les premières pluies d'automne, les vents de terre portent dans les bords des fièvres qui mettent un équipage sur le cadre.

En 1788, dans le mois d'octobre, la frégate la *Courageuse*, commandée par le capitaine Clechon, eut 50 malades en trois jours, et M. de Van der Capel, commandant hollandais, plus de 70 en un mois.

Métidgé. — La plaine de la Métidgé est coupée par la rivière d'Elarach, qui a son embouchure dans la rade à une lieue d'Alger. C'est une superbe plaine de 10 lieues de long sur 2 lieues de large ; elle va aboutir aux montagnes de l'Atlas habitées par les Cabaïlis. Il s'en faut malheureusement beaucoup qu'elle soit toute cultivée ; elle est remplie de lacs et de terres en friche. Les gens d'Alger et le beilik y ont des métairies d'ici et de là, où on met une petite maison pour le maître et des cabanes de joncs pour les cultivateurs maures ; on appelle ces cabanes gourbis. Pour en défendre l'entrée au vent, on applique sur les côtés des bouses de vache.

Château de l'Empereur. — Le Château de l'empereur est avantageusement situé, et les Algériens pourraient l'avoir fortifié d'une manière beaucoup mieux entendue et qui leur aurait été d'une plus grande utilité. Il est à environ 900 toises de la place, dominant sur la plage qui borde la baie.

Cette fortification est d'une figure assez irrégulière, très mal flanquée, sans fossés ni chemins couverts, pas même de palissades qui puissent empêcher d'aller pour ainsi dire frapper à la porte. Il ne leur est pas aujourd'hui d'un grand secours, car les feux sont entièrement plongeants du côté de la place et de la baie. Mais il découvre assez bien les avenues de terre, surtout à l'est. Le grand chemin taillé dans le roc sur lequel ce château est bâti passe auprès à une portée de pistolet ; il lui est presque parallèle et creux d'environ deux toises. Et ce qui prouve encore mieux que ce château a été bâti sans combinaison, c'est qu'à deux portées de mousquet plus avant, sur le droit du même chemin, il y a une hauteur qui commande ce château.

Une erreur populaire attribue ce château à l'empereur

Charles-Quint. Ce prince y fit seulement dresser quelques batteries et quelques retranchements, qu'il n'eut même pas le temps de faire perfectionner ; on en voit encore quelques vestiges tout près du château sur le front qui regarde la place.

Forces maritimes. — Les forces de l'ogeac consistent dans ce moment-ci, 1788, en 8 chebecs ou barques de 18, 22 et 30 canons de divers calibres, et en deux demi-galères. Deux ou trois de ces vaisseaux, ainsi que les galiotes, appartiennent au beilik et les autres aux grands de la Régence et aux particuliers (1).

Depuis le dernier bombardement des Espagnols, les Algériens ont résolu que l'État entretiendrait dorénavant 60 chaloupes canonnières et 40 chaloupes bombardières. A un quart de lieue de la porte de Bab el-Wad, qui est au nord, on a construit de grands magasins voûtés où on remisera ces chaloupes à l'abri du soleil et des intempéries de l'air.

En attendant que les voûtes soient assez sèches pour pouvoir lever la charpente qui les soutient, on a mis les chaloupes dans les fossés des remparts, où elles dépérissent par l'ardeur du soleil. Le port est trop petit pour pouvoir les contenir.

Architecture. — La ville d'Alger est bâtie sur le penchant d'une colline escarpée : les maisons, depuis la marine jusqu'au sommet, y sont rangées en amphithéâtre, de sorte qu'on découvre la mer de presque toutes les terrasses. Le bas de la maison est en pierres, et le restant en briques. Elles sont revêtues de chaux ou de bois, et on les blanchit au moins une fois l'an. La direction des édifices regarde le cap Matifou ; ce cap et Alger forment les deux extrémités d'un fer à cheval. Cette ouverture a environ deux lieues de distance.

Cette ville peut contenir environ 5,000 maisons, toutes bâties sur le même plan, de sorte que lorsqu'on en voit

---

(1) Cf. *infra*, pp. 40 et 47.

une, on peut avoir une idée de toutes les autres, grandes et petites. La plupart des maisons n'ont que le rez-de-chaussée et le premier. La porte d'entrée donne sur un espace plus ou moins grand qu'on appelle l'*esquifé*, où les hommes s'assoyent pour causer avec les voisins. La porte intérieure ouvre sur une cour carrée ou oblongue, pavée en pierre ou en marbre ; tout autour de cette cour règne une galerie soutenue par des colonnes de pierre ou de marbre. Aux quatre faces sont des appartements d'une forme oblongue et étroite, qui ne reçoivent le jour que par la porte et les deux fenêtres qui sont à côté de la porte. Au-dessus de cette galerie est une autre galerie qui soutient les terrasses, et les appartements y sont construits dans le même ordre et dans la même forme que ceux de dessous. Aux côtés de l'escalier qui conduit aux appartements supérieurs et à la terrasse, on pratique quelques chambres pour les domestiques ; on nomme ces chambres une *macsoura*. La cour s'appelle *pati* en langue turque et *vast el dar* en arabe. La galerie s'appelle *sahi* [صحين] ; l'intérieur s'appelle *sahi vast el dar* et la supérieure *sahi el âli*.

Le dey. — La maison du dey n'est point bâtie différemment : la cour est très large, et tout à l'entour sont des galeries où le divan se tient. On y est garanti de la pluie par les galeries qui s'avancent sur la cour. Le corps de logis où demeurait le pacha que la Porte envoyait était au fond de cette cour ; ils servent de magasins pour les effets du beylik, et le dey y tient au bas ses chevaux et ses mules. Il est d'usage que la petite musique y joue tous les matins. Au-dessus et attenant à ces magasins est le jardin du khrasnadji actuel, nommé Assen Effendi ; c'est le plus joli jardin des environs d'Alger. Les appartements où se tient le bey sont tout petits et étroits ; il nous a reçus deux fois dans une antichambre qui n'a pas plus de six pieds de large. Personne ne monte dans ses appartements sans sa permission ; il est rare qu'il l'accorde. Le vendredi seulement, les quatre grands officiers vont le prendre dans ses appartements pour l'accompagner à la mosquée(1). La cuisine du dey est dans la galerie supérieure ; c'est de là qu'on donne à manger aux grands qui sont obligés de se tenir dans cette maison depuis l'aube du jour jusqu'à l'*assère*. On leur sert trois fois du café, ainsi qu'aux neubetgis : le matin à neuf heures, le moment du dîner et à l'assere. Les neubetgis de la porte y ont leur dîner et leur souper, car ils sont obligés d'y dormir. Le mardi la casa d'enré (?) est fermée.

Le dey descend de ses appartements à la pointe du jour, et il reste au divan jusqu'à neuf heures du matin, qui est l'heure du dîner. Le *khrasné* se ferme à bannière basse, c'est-à-dire à une heure et demie ; on laisse dehors un sac de 2,000 piastres pour payer la laine et la cire que les gens de la campagne portent ; on les paye toujours à l'instant même qu'ils la présentent. La laine est payée sur un teskeré du *vekil khradg*, et la cire se pèse dans le palais même.

Aucun des grands officiers ne peut monter chez le dey pour lui parler d'affaires. Lorsqu'il a quelque chose à lui communiquer, il lui envoie le drogman maure du divan, de sorte que le khasnegi, le cogea des chevaux, l'agha ne parlent au dey qu'en public, lorsqu'il descend à la salle ouverte où se tient le divan et se traitent toutes les affaires. Le vendredi seulement, les grands officiers ci-dessus nommés, les grands écrivains et les autres grands se rassemblent à onze heures et demie, et ils montent tous ensemble dans les appartements du dey, qu'ils accompagnent à la mosquée.

Cette maison, qu'on nomme *pacha capousi*, la Porte du pacha, et que les Francs nomment la maison du roi, est située dans la plus grande rue d'Alger, dont une extrémité aboutit à la porte de Bab el-Wad, au nord, et l'autre à la porte dite Bab Azoun, au midi. Cette rue, quoique la plus large d'Alger, n'a guère plus de dix pieds

(1) Cf. p. 10.

de largeur. On la nomme *el-souc el-kebir*, à cause que toutes les boutiques des marchands et des ouvriers y sont situées. Les autres rues d'Alger sont si étroites que trois personnes auraient de la peine à y passer de front ; elles sont sales, puantes et obscures : sales et puantes parce que chacun porte les ordures de sa maison dans une espèce d'auge qu'on pratique à côté de la porte, et obscure parce que les maisons des deux files sont liées très souvent par des ponts et qu'elles avancent leur premier étage sur la rue ; on marche en beaucoup d'endroits à l'abri de la pluie. Il est rare que les maisons aient des fenêtres sur la rue ; elles en ont sur la mer lorsqu'elles sont situées de manière à la voir. Ces fenêtres sont à peu près grandes et ont la même forme que les fenêtres des colombiers.

On distingue la maison du dey premièrement par un mât de pavillon surmonté d'une pomme dorée ; secondement, par un fanal semblable aux fanaux des galères, posé sur l'angle gauche de la terrasse qui est au-dessus de la porte ; troisièmement, par une grande porte ferrée du cintre de laquelle pend une chaîne, qu'on a coutume de fermer un quart d'heure avant l'assere en dehors avec un cadenas. Cette chaîne n'empêche pas cependant d'ouvrir et de fermer la porte, mais alors ceux qui veulent entrer et sortir sont obligés de se baisser.

La façade de cette maison est tapissée en briques émaillées, dont on pave les maisons en Barbarie et en Espagne. Vis-à-vis est une petite place carrée couverte d'une treille ; au milieu de la place est une fontaine, et tout autour diverses boutiques où se tiennent tous les officiers du gouvernement et de l'ogeac lorsque le divan n'est point assemblé ; ce n'est qu'après l'assere que chacun est libre d'aller chez lui. A côté de la porte, à droite et à gauche, est un long *mastabé* de pierre sur lequel on met des nattes ; c'est là où s'assoient les joldachs neubetgis ; le cogea qui est à leur tête se tient dans l'*esquifé* en entrant, et c'est là où il dort. C'est un emploi de confiance qui conduit aux places les plus éminentes. Le dey actuel a été fait de là khrasnegi et ensuite dey. Cet emploi est cependant un vrai esclavage, puisqu'on est obligé d'y rester jour et nuit. C'est lui qui est le gardien de la porte et qui en a la clef; cette porte une fois fermée après l'assere ne s'ouvre plus; on passe par une petite porte pour entrer et sortir qui donne dans la partie où sont situés les appartements du dey; mais elle s'ouvre bien rarement. Le dey en a la clef.

Vis-à-vis de la grande porte est une grande boutique ou salle où se tiennent les officiers, écrivains et attachés du gouvernement lorsque le divan n'est point assemblé. Le *kiaja* et les *bulukbachis* ont à côté leurs magasins, où ils se tiennent. A côté de celui-ci est celui des chiaoux, celui de l'aga des sipahis, celui de l'aga le généralissime. Tous se trouvent dans des boutiques qui leur sont affectées depuis la pointe du jour jusqu'à l'assere. Ils mangent de la cuisine du beylik.

Administration : le caïd, le cadi et le mufti. — Le caïd a la police de la ville et du district. Un cadi nommé par le mufti malekite d'Alger a l'administration de la justice; son jugement n'est point irrévocable : on peut en appeler au *meglis chérif* d'Alger, où assistent les deux muftis maleki et hanefi et les deux cadis de ces deux sectes. Lorsque le cadi d'Alger prononce un jugement qui ne paraît pas juste, on peut le faire suspendre en l'appelant à ce tribunal qui se tient une fois la semaine, le jeudi, dans la grande mosquée, cathédrale d'Alger. Les deux muftis maleki et hanefi sont les *oukils* suprêmes des biens ecclésiastiques des mosquées. Les biens de la mosquée sont administrés par un *mutevelli*, homme de loi nommé par le dey.

Le *beit ulmalgi* a un cadi particulier, mais un homme d'honneur se fait de la peine d'accepter ce cadilik, parce que le beit ulmalgi [lui] force à tout instant la main et lui dicte les jugements. En général, la place de cadi n'est pas recherchée par un homme qui vise à la réputation d'honneur. La place de mufti, au contraire, est une place très honorable : il est fait pour expliquer la loi de vive voix ou par écrit, sur un cas qu'on lui propose. — Chacun est maître d'aller chez le cadi maleki ou hanbeli *(sic)* pour se faire juger, et un maleki ne peut récuser le témoignage d'un hanbeli. Telles difficultés [se résolvent en jurant ?] par la vérité par Dieu. Ils font les uns leurs prières avec leurs mains jointes l'une avec l'autre, les autres les croisant [cinq ou six mots illisibles].

District d'Alger

Il y a dans le district d'Alger six caïderies : Sebouâ, Mehedié, Meliana, Beni Giaab [Djaad], Belidé et [Bou Ferik]. Chacun d'eux paye sa gérance en argent, en productions et en *avaïds*. Le caïd de Sebouâ [Sebaou] ne donne point d'argent à cause des dépenses qu'il doit faire pour avoir des troupes suffisantes pour en imposer aux Cabaïles de Felissa : il envoie au beilik de l'huile et des figues sèches pour les corsaires. Ce caïd a la musique et le train des beys ; mais il n'est point dispensé d'avaïds, c'est-à-dire de présents en argent, vis-à-vis du dey, des grands et tout ce qui tient au gouvernement. Ses moyens de gagner c'est de soudoyer une nation de Cabaïles contre l'autre, les Maures qui se soumettent lui donnant aussi le prix du sang. Et cela ne laisse pas d'être considérable parmi des gens qui héritent du droit de se venger, etc.

Belidé est une des plus agréables villes du royaume ; elle est à 6 lieues d'Alger, sur la grande route qui conduit à Mascara. Toutes les maisons ont leur fontaine. Les jardins fournissent tous les fruits et toutes les verdures qui se consomment à Alger. Il s'y tient tous les jeudis un marché général, où de tous les environs on apporte les poules, les œufs, les bœufs, les fruits secs, l'orge, le blé et les légumes. Chaque caïderie a un jour de la semaine où se tient un marché semblable. Il y a à Belidé le foulon, où on prépare et on teint tous les bonnets qu'on fabrique à Alger.

Dellis est aussi une caïderie, mais dépendant du bey de Titeri : le caïd paye seulement 2,000 piastres au beilik et les *garames* au bey. Dellis est un mauvais port, ouvert à l'est, où les navires se perdent. Il faut choisir le bon moment pour faire un chargement ; il s'en fait environ quatre l'année en blé, en orge et en fèves (1).

Cabaïlis de Flissa et de Zevawa

La plupart des montagnes, depuis le royaume de Sous jusqu'à la plaine du Kairoan, sont peuplées de nations indépendantes. Alger en a deux fameuses qu'il n'a jamais pu soumettre : les Cabaïlis de Flissa et ceux de Zevawa. Les montagnes de Flissa règnent depuis Dellis jusqu'au Collo ; celles de Zevawa sont plus au midi. Les Zevawis ont près de 300 villages ; ils ne payent ni tribut, ni capitation, mais ils se font entre eux une guerre extrême et ne se réunissent que contre l'ennemi commun. Ils viennent cependant à Alger et ils y forment même un corps de nation qui a des privilèges ; ils sont chargés d'une patrouille nocturne. Flissa est régie aussi par des chaïks particuliers.

Les Cabaïlis semblent tenir une place intermédiaire entre les hordes sauvages et les nations civilisées. Ils professent la religion mahométane sans entendre cepen-

(1) On lit ailleurs : « Il y a 6 caïds dans la généralité d'Alger, compris celui de Seboua, qui ne revêtit pas de caftan. Seboua était autrefois du beilik de Titeri ; maintenant il forme une caïderie séparée, mais le caïd lui paye une somme annuelle de 1,000 sequins ; le caïd de Seboua a le rang de bey et les honorifiques. Mehedié est la résidence du bey de Titeri, mais il n'y commande pas : la ville est sous les ordres d'un gouverneur particulier qu'on nomme *hakim*. Meliané, Belidé ont aussi des hakims. Les cinq caïderies d'Alger sont Bou Ferik, Beni Giaad, Khachené..... »

dant l'Alcoran. La plupart ne savent que leur langue très pauvre, très bornée et n'ayant aucun terme abstrait. A peine savent-ils compter jusqu'à mille; ils n'ont point de livres, ni d'écriture; la mémoire des événements ne s'y conserve que par tradition. Les montagnes inaccessibles dans lesquelles ils vivent les mettent à l'abri des vexations des Turcs, mais entre eux ils se font des guerres éternelles, et le plus faible se fait soutenir par le commandant turc le plus voisin, qui profite de ces divisions pour les dévorer. Leur haine est implacable et n'est assouvie que par le sang.

Gigel. — Les gens de Gigel sont ceux qui ont reçu les premiers les Turcs dans leur pays. En conséquence des preuves de dévouement qu'ils leur ont données, ils jouissent ici des mêmes privilèges que les Turcs levantins, à l'exception de la paye: ils ont le port d'armes, ils peuvent s'habiller avec des broderies en or, chose défendue aux autres Maures; ils peuvent se battre avec les Turcs; les filles publiques leur appartiennent ainsi qu'aux Turcs, et le mezouar ne peut les saisir pour cette raison. Ils ont un amin particulier, et c'est le dey seul qui peut les juger et les punir. Les gens de Gigel sont chargés des fours du beilik pour le pain des joldachs et des esclaves.

Les Mozabis. — Les Mozabis forment un corps séparé qui a un amin de leur nation. Ce sont eux qui ont tous les moulins pour la farine, les boulangeries de la ville, les bains publics et la ferme de la viande. Ils jouissent de plus de privilèges que les Maures.

Les Biskris. — Les gens de Biscara sont ici les gardiens des prises, les bateliers, les portefaix et les valets.

Chemin. — Un exprès met 10 jours pour venir de Bône à Alger; je calcule qu'il fait 8 lieues par jour, ce qui fait 80 ou 85 lieues. Bône est le lieu le plus éloigné. Constantine est à deux journées plus à l'ouest; il y a deux jours de plaine pour venir de Bône aux montagnes de Zewawa, et deux jours de plaine encore depuis Sebaou jusqu'à Alger, tout le reste est montagne. Il y a deux routes : celle par les montagnes de Felissa, par le rivage de la mer, est la plus courte. Il y a des exprès qui ne mettent que sept jours pour venir de Bône à Alger. Les gens du pays d'Aghwat sont très renommés pour la marche. Aghwat est dans le désert, à l'ouest de Biscara. Pour de Bône à Alger, il n'y a que quatre jours de route par la plaine et six jours par les montagnes. Les exprès marchent tout le jour et ils demandent le soir hospitalité ; le plus souvent ils ne trouvent que des figues sèches sans pain ni couscoussou.

Une caravane met huit jours pour se rendre d'Alger à Mascara et un courrier du gouvernement met deux jours en poste. Une caravane met dix jours pour se rendre d'Alger à Constantine, et un cavalier en poste fait ce trajet en trois jours de temps. Une caravane ne faisant guère plus de 5 lieues par jour, et le chemin d'Alger à Constantine étant fort difficile à cause des montagnes et des marais, je ne donne guère plus de 50 lieues de distance d'Alger à Constantine et d'Alger à Mascara.

Industrie et commerce d'Alger

On y fabrique des toiles grossières façon de la maugrebine d'Égypte. Ces toiles sont faites avec du lin du creux [cru] du pays ; elles servent au peuple de la ville et de la campagne, mais il ne s'en fait point d'exportation. [On y fait encore] des rubans de soie de toutes couleurs et de toutes grandeurs, même jusqu'à un pan de large. Les rubans couleurs écarlate et violet ont même plus d'éclat et de solidité que ceux de la chrétienté et ils se vendent aussi plus cher : par exemple les 100 pics petits rubans écarlates et violets de Livourne valent ici un demi-sequin algérien, c'est-à-dire L. 5 1^s 3^d et ceux d'Alger dans ces mêmes couleurs valent un mahboub, c'est-à-dire L. 7 11^s 9^d. Livourne en fournit une grande quantité et il n'en vient point de France. C'est sans doute à la qualité des eaux que les Algériens doivent le brillant et la solidité de l'écarlate et du violet.

Il se fait dans tout le royaume d'Alger une grande consommation de rubans pour l'ornement des meubles et des habits des femmes. Celles-ci surtout en emploient une grande quantité dans les manches de leurs chemises. Elles sont très larges, composées de trois toiles, et entre chaque toile il est de mode d'y mettre un ruban. On emploie les rubans de la même manière pour les meubles : par exemple un rideau qui sera composé de deux lez d'étoffe aura dans le milieu trois rubans de diverses couleurs auxquels on joindra ces deux lez.

Il y a aussi à Alger diverses fabriques de bonnets ou calottes de laine, qu'on nomme *chachiet gezirié* شاشية جزيرية. Ils sont faits avec de la laine du creux du pays, ce qui les rend inférieurs à ceux qu'on fabrique à Tunis, où on emploie de la laine d'Espagne. Les chachié d'Alger ne valent que la moitié du prix de ceux de Tunis, et ils sont par conséquent plus à la portée du peuple ; mais il ne s'en fait aucune exportation au Levant. Les jeunes gens de la ville et les matelots n'ont pour coiffure qu'une simple calotte de laine rouge. Les femmes ont aussi une pareille calotte couverte d'une broderie en or et argent : on la nomme [*benîka* ou *sarma?*].

Les ceintures de soie simples, ou en or et en argent, sont un article de plus grande conséquence : on en fait des envois considérables dans la Barbarie et dans le Levant, où elles servent de turbans de parure aux gens de mer. On les vend à l'once, et leur prix ordinaire est un quart de sequin algérien l'once. On en fait qui valent 25 à 30 sequins algériens. On remarquera que les Maures d'Alger ne peuvent point porter de ces ceintures de soie en or et argent, ni avoir de l'or et de l'argent sur leurs habits. Le port des armes leur est également prohibé.

On fait à Alger des maroquins jaunes, noirs, violets

et rouges, pour la consommation du pays simplement. On nomme ces maroquins *gild musbagh* جلد مصبغ ; les cuirs préparés pour les semelles se nomment *nâal* نعل. Il y a quantité de gens qui s'occupent à broder sur le maroquin : ils font des souliers de femmes, des espèces de portefeuilles et de gibecières très riches, en broderie en or et argent. Ces sortes de portefeuilles, qu'on nomme *giusdan* جزدان [*vulg.* دزدان] servent de bourses pour l'argent. Les gibecières se nomment *palasca*, et il en passe beaucoup en Levant.

On fait dans diverses villes et bourgs du royaume d'Alger des tapis, mais plus grossiers que ceux de la Caramanie ; les meilleurs se fabriquent à *El-Alaï* [El-Calaa?] petit bourg éloigné d'une journée de Maâsker, que nous nommons Mascara. Dans tout le royaume on fait des couvertures de laine qu'on nomme *haïks*. Ces haiks servent d'habillement aux femmes de la campagne et aux Arabes. Les femmes les mettent autour de leur corps et les assujettissent par des agrafes sur les épaules. Les hommes en mettent un bout sur la tête, qu'ils lient avec un cordon de soie, de fil ou de laine. De cette même étoffe de laine, les hommes font des *bernus*, qui sont des capes sans coutures, si ce n'est sur la poitrine, avec un capuchon ; ces capes tombent jusqu'à mi-jambe. On borde ordinairement le bernus avec un cordonnet de soie blanche ou de fil, et au bout du capuchon pend un flot de soie. Les Arabes élégants mettent un de ces bernus sur leurs haiks. Les gens de la campagne et les Arabes, tant hommes que femmes, ne portent point de chemise.

Les haïks les plus communs, fort courts et fort étroits, valent demi-sequin algérien. Les plus beaux, qui sont ceux qu'on fabrique à Constantine, valent quatre sequins algériens.

Commerce extérieur. — Les articles les plus importants que le royaume d'Alger fournit au commerce sont le blé dur, l'orge, toute sorte de légumes, à l'exception des haricots blancs, de l'escayolle (1), un ou deux chargements d'huile, de la cire, de la laine, des cuirs et trois ou quatre cents quintaux de vermillon cueilli à Mascara et à Titéri. Les terres sont très fertiles, mais plus de la moitié du royaume est en friche. La province la plus riche est celle du Levant ou de Constantine; celle de Maasker ou du Ponant est moins cultivée, et la plus pauvre est celle du sud ou de Titéri.

Il sort annuellement du port d'Alger pour la chrétienté sept à huit mille quintaux algériens de laine; elle vient presque toute de Titéri. Il en sort annuellement de Bône dix à douze mille quintaux. C'est un des articles exclusifs de la Compagnie d'Afrique, mais elle n'a aucun droit sur la laine d'Alger, de Titéri et de Maasker : le beilik vend celle-ci à qui lui plaît. La maison française établie à Alger s'en accommode ordinairement, malgré la concurrence des Juifs qui trafiquent à Livourne et qui font leur possible pour se l'approprier. Il donne un an et même deux ans de terme.

En 1787, la Compagnie en a fait à Bône 25,000 quintaux, et la cause de cette exportation extraordinaire est venue de la quantité de bras que la peste a enlevés aux fabriques de bernus et de barracans. Cette raison fera que, pendant encore plusieurs années, l'exportation des laines, soit d'Alger soit de Bône, sera plus forte que de coutume.

Le beilik achète la laine à 8 piastres et la vend à 10.

La laine pelade des moutons qui se tuent en ville sert à faire des couvertures pour les esclaves et les joldachs. Le restant se vend au même négociant qui se charge des cuirs; on en fait une centaine de balles de 5 à 6 quintaux l'une. Cette laine est très chargée de chaux et remplie de vilarnes qui occasionnent un déchet de

---

(1) Drogue qui vient du Levant par la voie de Marseille (Dictionnaire de Trévoux).

moitié au lavage. Le codgea qui a les cuirs a aussi la laine pelade de tous les moutons qui se tuent en ville.

Les cuirs sont entre les mains d'un *vekil khradj* qui les afferme du gouvernement, auquel il paye 10,000 piastres tous les mois, environ 3,000 lb.; il les achète 6, 7, 8, 9 mezounes, suivant la grandeur et la quantité, et il les revend à 30 mezounes, grands et petits, en donnant cependant 110 cuirs pour 100. Cette pelte n'est que pour les cuirs de bœufs qui se tuent hors de la ville et tous les moutons qui se tuent en ville. Les bœufs qui se tuent en ville, comme les chameaux et les buffles, sont pour le compte particulier du beilik, qui les fait préparer pour les semelles qu'il donne aux soldats et autres objets. Sur les moutons qui se tuent en ville, le fermier est obligé de faire faire des couvertures grossières qui valent un quart de sequin algérien environ; le beilik en donne une à tout soldat et à tout esclave, mais une seule fois. Les moutons et les bœufs ne peuvent entrer en ville sans un teskeré du fermier qui est à Bab Azoun. On doit payer à la peau ou donner des arrhes jusque chez son tanneur.

[*Autre rédaction*, f° 136. — Le codgea des cuirs en afferme la pelte à la charge de donner au beilik 300 sequins algériens chaque lune. Les gens de la campagne et du dehors sont obligés de les lui apporter et il leur achète au meilleur prix qu'il peut; il les vend ensuite à la maison française établie à Alger, à raison de 30 mezounes, grands et petits; mais les 110 sont comptés pour 100 à la livraison. Le cuir des bœufs qui se tuent dans la ville n'entre point dans la ferme de ce codgea : ils appartiennent *(sic)* au beilik, qui les fait préparer pour l'usage des troupes et des esclaves. A chaque départ d'un camp, le beilik donne à chaque soldat deux semelles pour doubler les semelles des souliers qu'il achète de ses propres deniers. A l'arrivée d'un soldat du Levant, le beilik lui donne une paire de souliers, un bonnet de laine, une chemise, un gilet, un capot et une ceinture rouge. Le beilik donne aussi un habillement par an à un esclave et une paire de souliers.

Les moutons qui se tuent à Alger, le codgea des cuirs en a la dépouille, et on est obligé de la lui porter. Il en tire une laine pelade par le moyen de la chaux ; de cette laine il doit faire faire des couvertures grossières dont le beilik a besoin ; il en donne une pour toujours à un soldat qui arrive et à un esclave. Le codgea des cuirs est obligé de faire quelques présents en cire aux grands de l'ogeac].

Il sort annuellement du port d'Alger 20 à 25,000 cuirs et de Bône... *(sic)*, autre article exclusif à la Compagnie d'Afrique. On peut évaluer les cuirs d'Alger qui passent à Marseille à la somme de cent mille livres l'année.

Le royaume fournit beaucoup de cire et de miel. Les gens aisés du pays consomment beaucoup de cire pour l'éclairage. Ils connaissent cependant bien peu l'art de la blanchir, et ils se contentent de bougies de cire jaune ou d'un blanc sale, avec une mèche de coton non trempée à l'esprit-de-vin. Les hordes arabes de la campagne ne consomment ni cire, ni huile, ni suif pour l'éclairage. Ils mangent avant le coucher du soleil, et pendant l'hiver ils allument un feu de crotin [?] autour de la tente qui les échauffe et les éclaire. Il en sort annuellement du port d'Alger, pour la chrétienté, 3 ou 4 cents quintaux. Il en devrait sortir presque autant de Bône ; mais il s'en fait une grande contrebande, à la lésion des intérêts de la Compagnie d'Afrique, qui a beaucoup de peine à en faire cent *(sic)* quintaux.

Le beilik achète la cire à 60 pataques chiques et la revend à 163.

La maison française établie à Alger se charge de toute la cire du beilik. Cela ne va guère qu'à 3 à 400 quintaux l'année, y compris les 100 quintaux de redevance du bey de Mascara, parce que, attendu le bas prix auquel le beilik l'achète, il se fait beaucoup de contrebande, malgré les risques qu'il y a à courir pour celui qui est surpris en fraude (1).

Dans une année de bonne récolte, il se fait à Bône ordinairement 40 chargements de grain, 30 à Arzew et 2 ou 3 à Tedles [Dellys].

En 1788, il est sorti de Bône, d'Alger, d'Arzew, le port de Maâsker, et de Tedles, qui est à une journée au dessus d'Alger, du côté de l'est, environ 150 mille charges de blé, d'orge et légumes. Le blé ne peut sortir du royaume que par la permission particulière du dey. La Compagnie d'Afrique a le droit, par une ancienne concession, d'en extraire tous les ans 500 caffis de Bône, au prix du marché. Dans le principe ces 500 kaffis lui avaient été accordés pour nourrir les matelots corailleurs de la Calle; mais les Arabes et le vekil de Tabarque lui en fournissent au delà de ce qu'il faut pour cet objet. A Bône et dans le gouvernement du Levant, la mesure des grains n'est point le sâa, mais le kaffis : le kaffis rend 15 mesures au beilik, et 14 mesures à tout autre, attendu que pour le beilik on laisse le grain qui est au-dessus du boisseau et que pour tout autre on l'enlève avec un cylindre en bois.

En 1786 le prix de Bône pour le blé de la Compagnie était de 22 piastres, le prix des fèves 14, le prix de l'orge 8 le kaffis. Le blé vieux et le blé nouveau que le bey achète se met tout dans le même magasin.

Selon l'abondance ou la médiocrité de la récolte, le prix de la rahbé à Bône est de 8, 10 et 12 piastres. Le bey achète à ce prix et le revend à 26, 30 et 33 piastres. L'an 1787, 33 bâtiments français ont chargé à Bône et presque autant de navires étrangers. A Arzeu il s'en est

(1) On lit ailleurs (f. 68) : « La cire à Alger est accaparée par le beilik ; les gens de la campagne sont obligés de la lui porter, et le beilik la paye à raison de 60 pataques. On la reçoit et on l'emmagasine dans la maison du dey ; c'est le khasnagi qui la paye. Il y a peine de mort pour celui qui en ferait la contrebande. Il est cependant permis aux particuliers d'en acheter pour leur usage. »

fait 26 chargements, 3 ou 4 à Dellis, qui est le port de Titéri, et tout autant à Bougie; ce dernier port fournit un ou deux chargements d'huile.

La sortie du blé et de l'orge était fort peu de chose sous Baba Ali. Comme il avait une grande prédilection pour les Anglais, il en accordait quelques chargements aux Mahonnais, mais dans son temps aucune des maisons françaises établies à Alger n'a jamais pu faire un seul chargement pour Marseille. Le commerce des grains date du règne de Mohammed Bey, et il devient tous les jours plus important. La culture des terres a été surtout beaucoup encouragée dans le gouvernement du Ponant; le bey de Mascara a fait construire quelques magasins à la plage d'Arzeu (Mersa el-Kebir). Il y tient un vekil qui paye argent comptant et sans délai tout le blé que les Arabes y portent et leur donnant quelque chose en sus de ce qu'ils le vendraient au marché. Il revend ensuite ce blé et cet orge avec la permission du dey aux bâtiments espagnols et français qui viennent le prendre. Ce commerce donne les moyens de faire des présents considérables à tous les grands officiers du gouvernement sans cependant trop peser dans le prix du blé.

Tout le blé du royaume est dur et fournit beaucoup de saumoule; il est employé pour les pâtes de Gênes et pour le biscuit de mer. Le plus beau grain, celui qui est le mieux nourri est celui de la province de Constantine. Il n'y a que celui de Sardaigne qui lui est supérieur.

Les beys de Constantine et de Mascara achètent le blé au prix courant et le revendent au plus offrant et dernier enchérisseur. Cette année le bey de Mascara a vendu plusieurs chargements aux Espagnols. Il l'achète à 2 pataques chiques la mesure, qui est le prix courant de la place, et il le revend à 7. Mais les grands tiennent compte de ses profits, et il serait peu politique s'il ne les partageait point avec eux, en augmentant les présents d'usage.

Le bey de Mascara encourage la culture dans sa province, en donnant quelque chose de plus que la rahbé pour les chargements qui se font. Il fait ensemencer pour son compte et il s'associe.

A Alger on donne le titre de *capoudan* à tous les directeurs de la Compagnie, aucun au chancelier d'Alger. C'est un titre que l'orgueil turc distribue plus facilement que tout autre.

Dans le district d'Alger, à une journée de la ville du côté du sud, on cultive le riz dans le territoire d'une ville murée qu'on nomme Magnana. Depuis quelques années, on a commencé aussi à le cultiver dans une contrée du gouvernement du Ponant nommée Miné. Ces deux en fournissent annuellement 5 ou 6,000 quintaux qui suffisent à la consommation du pays; n'y ayant plus que les grands de l'ogeac qui mangent du riz d'Égypte, on n'en apporte plus. Il y a trois ou quatre ans que M. Gimon, négociant français, en ayant fait venir un chargement de Damiette, il fut obligé pour s'en débarrasser de le vendre à perte et d'envoyer même à Marseille ce qu'il ne put pas vendre à Alger. Le riz de Magnana est de meilleure qualité que celui de Miné; celui-ci est trop mou et se brise à la cuisson, ce qui est un grand défaut pour le pilau, le mets chéri des Turcs. Le riz du pays revient à 10 ou 11 fr. le quintal, mais il se vend à sâa ou mesure qui contient deux quintaux (1).

---

(1) On lit ailleurs (f. 157) : « Dans le district d'Alger, à une grande journée de la ville, il y a un village qu'on nomme Miliané, où on fait du riz, et dans le district de Maasker, à la contrée qu'on nomme Miné, on cultive aussi le riz. Celui de Miliané est d'une meilleure qualité et un peu plus dur que l'autre. Ces deux endroits en fournissent annuellement 5 ou 6,000 quintaux, qui suffisent à la consommation du pays; il n'en vient plus d'Égypte. Le riz du pays se vend à raison de 10 ou 11 francs le quintal du pays : le sâa avec lequel on le mesure contient deux quintaux.

» Depuis quelques années on cultive aussi le lin dans le royaume d'Alger; cette récolte devient tous les jours plus considérable. Il est

On pourrait augmenter considérablement la récolte du riz, ainsi que celle du lin. Cependant celle-ci devient tous les jours plus considérable, et le lin est d'une très belle qualité; on s'en sert pour les toiles qu'on fabrique à l'usage du pays, et le beilik en envoie quelquefois en présent à Constantinople.

Une des grandes récoltes du royaume est le tabac. Celui qu'on recueille aux environs d'Alger est très doux et très bon à fumer; il en passe beaucoup à Tunis et à Tripoli, mais surtout de celui de Bône, qui est un peu plus fort que celui des terres d'Alger. Le prix du tabac est de 2 mezounes la livre de 16 onces tout coupé, et de 3 mezounes pour les qualités supérieures. En gros il se vend par 100 masses, chaque masse formant un rouleau d'environ une livre; le prix diffère suivant la qualité.

Entre Arzeu et Horan il y a des lacs de sel très abondants qui en fourniraient à tout le royaume. Lorsque les bateaux qui font le capotage de la côte n'ont rien de mieux à faire, ils vont charger du sel en cet endroit et ils le portent à Alger, où le beilik le leur achète à raison de 22 sols et demi le quintal algérien; il le revend ensuite à raison de 45 sols, mais personne n'est forcé d'en prendre de lui, et on serait maître d'aller s'en fournir aux salines si cela pouvait tourner à compte. Les bâtiments étrangers en portent de temps à autre de Girbé, de Tripoli, de Sardaigne et de Majorque; le beilik le leur achète aussi au prix mentionné ci-dessus. C'est une règle invariable. Mais de pareils chargements ne peuvent convenir qu'à des navires qui ont l'espoir d'obtenir quelque chargement de grain pour le retour ou un nolissement pour la Turquie ou bien la chrétienté.

Arzeu se nomme en arabe Marsat el-Kebir; c'est une

---

d'une très belle qualité; on en envoie quelquefois en présent à Constantinople.

» Une des récoltes du pays est aussi le tabac, qui est doux et très bon à fumer; il en passe beaucoup à Tunis.

» Le beilik achète la laine à 8 piastres et il la revend à 10. »

rade une fois plus grande que celle d'Alger, mais moins sûre. L'endroit des salines est à trois lieues de Marsat el-Kebir, dans les terres. Ce sont de grands lacs qui fourniraient du sel à tout le pays, mais on en tire très peu, et il est même rare que les bateaux aillent en chercher, à cause des frais de transport des lacs à la marine, qui absorbent en grande partie le prix auquel le beilik l'achète. Il y a aussi d'autres salines du côté de Belidet dans le district d'Alger, mais elles sont plus éloignées de la mer que celles d'Arzeu.

La régie du sel est entre les mains d'un cogea pour deux années; son droit sur la vente est de 10 pour cent sur le produit.

Les droits d'ancrage à Arzeu pour un bâtiment qui y charge sont de 25 sequins algériens, et en outre on paye 1 0/0 de droit au capitaine du port, et les bateaux et les portefaix font encore une dépense de 2 0/0.

Ben Zenet, rade à six lieues à l'est de Tedles, où on fait pendant l'été un ou deux chargements de denrées.

Dans le gouvernement du Ponant, il y a des mines de plomb, de cuivre et de fer; mais ils ne savent point en tirer parti.

Le beilik afferme les terres du domaine pour 3, 4 ou 5 pataques gourdes de 3^{lb} 7 s. 6, le carré qu'une paire de bœuf est supposée pouvoir labourer en un jour; c'est à peu près un arpent. Indépendamment il lève la garame sur la récolte, qui est au moins de un sur dix, et plus ordinairement un sur huit. Les métairies qui lui appar-iennent dans le district d'Alger, il les fait travailler pour son compte; à chaque métairie et à chaque jardin qu'il a, il y a un Turc pour vekil; les métairies sont travaillées par les Cabaïlis ou les Maures, les jardins sont travaillés par les esclaves. Les beys afferment certains cantons à des cheiks arabes qui prennent pour leur compte particulier cent feddans. Le prix de la terre est plus ou moins fort selon la qualité et la proximité des villes.

Les campagnes d'Alger produisent beaucoup de raisins; il est permis à chacun d'en acheter pour faire du vin. Selon l'abondance de la récolte, le beilik fait le prix de la charge. Le prix du raisin en 1788 fut fixé à 23 mezounes le quintal de 133^{lb} de France. Dans les années d'une meilleure récolte, le quintal vaut 1/4 de sequin algérien; il s'est aussi souvent vendu à une pataque chique. Les esclaves chrétiens qui afferment les tavernes ici sont chargés de faire la provision du vinaigre dont le beilik a besoin pour ses corsaires, ses camps et ses garnisons.

Nourriture. — Toutes les choses nécessaires à la vie sont à si bon compte que la haute paye d'un joldach peut lui suffire strictement parlant pour s'entretenir avec une femme et des enfants. La haute paye du soldat est de 27^{lb} tous les deux mois et de 142 livres par an, et de 4 pains de munition par jour, mais lorsqu'il se marie il en est privé. Ce pain est fait moitié farine de froment et moitié farine d'orge; il pèse dix onces environ. Le soldat le revend et mange du pain de buzai, qui est plus blanc mais très peu cuit selon l'usage de tout l'Orient. Le pain de munition du soldat se vend dans les rues pour les gens de la campagne; on en donne 10 pour un sol. Beaucoup de personnes en nourrissent les volailles, les vaches et les cochons.

Les herbes potagères sont à donation ainsi que les fruits; le quartier d'un gros mouton vaut 20 et 24 sols, en hiver 30, et il vaut toujours beaucoup moins pour un soldat; un mouton en été vaut 5 ou 6 livres, en hiver, 10 à 12 livres; le riz du pays vaut 10 à 12 livres le quintal. Une poule vaut un temin bougiou, 9 sols; une livre de viande de 16 onces, 3 sols; deux gros poulets, 12 à 14 sols; un pain de bezaz pesant 10 onces, 10 aspres, environ un sol; un cent d'œufs, 36 sols; une paire de pigeons 9 sols; le loyer d'une petite maison, 30 ou 40 francs l'année. Il n'y a que les juifs et les chrétiens qui mangent de la viande de bœuf: il revient à 12 ou 14 livres le quintal de 133 lb. En général les Turcs mangent la chair de bœuf mal volontiers ; le Maure est moins délicat. Les uns et les autres préfèrent le buffle et le chameau. Il n'y a point de buffle dans le royaume d'Alger, et quant au chameau il ne convient de le tuer et d'en vendre la chair au marché que lorsque par accident il se casse quelque membre en tombant avec sa charge.

A Alger et dans tout le royaume, on fait dans les ménages maures une provision de viande de bœuf et de mouton qu'on nomme *kheliâa :* on désosse une pièce de bœuf ou de mouton, on le coupe en morceaux qu'on fait sécher au soleil après l'avoir salé ; ensuite on les fait bouillir tant soit peu, et après qu'on les a laissés bien égoutter, on les jette dans une jarre, où on les couvre d'huile d'olive. De là ensuite on en tire quelques morceaux pour faire le couscoussou ou pour apprêter des choux et autres herbes potagères. Le *cadid* sont ces mêmes morceaux de bœuf, de mouton ou de chameau qu'on a salés et fait sécher au soleil ; on les conserve ainsi sans les mettre ni dans l'huile ni dans la graisse.

Les Turcs font une autre provision de ménage dans le même genre, mais beaucoup plus agréable au goût : on prend un mouton bien gras ; on le désosse et on le coupe en très petits morceaux qu'on dépouille de la graisse ; on fait frire à demi ces petits morceaux, qu'on sale un peu, et on les jette dans une jarre ; et de l'autre, on fait fondre cette graisse, on l'écume, et la mêlant avec du beurre on la verse sur ces morceaux de viande. Ils les conservent ainsi toute l'année. On nomme cette provision *caourma* قاورمه ; elle serait excellente à prendre dans un voyage de long cours.

Le Turc ne mange ni le veau ni les poulets ni aucune espèce de gibier, à l'exception des canards sauvages ; il se soucie fort peu du poisson ; il ne mange non plus les coquillages et il préfère la viande du buffle et du chameau à celle du bœuf. En général en Turquie il n'y a que les pauvres gens des villes (?) et les Européens qui mangent le bœuf.

Commerce d'entrée à Alger

De Marseille, cinq ou six bâtiments chargés de sucre, de café, de fer, de grenaille, de papiers, de quincailleries, parmi lesquelles beaucoup de peignes de buis, de soies, des vieilles cardes usées pour peigner la laine, des caisses de liqueur de ceraoune, de girofle, 2 barils de cochenille pour la consommation du pays et 5 ou 6 barils qui par Tremcen passent en contrebande sur les terres de Maroc; du beau drap fin de Sedan ou autre; des riches étoffes de Lyon, des mouchoirs de soie de Catalogne, parmi lesquels quelques-uns fabriqués à Nîmes. Ce commerce peut être évalué à 7 à 8 cent mille livres, dont la maison française fait à peu près la demi, et les Juifs et les Maures le restant.

Plus, de Livourne 2 ou 3 bâtiments chargés de toiles d'Allemagne, de mousseline des Indes, de damas, de damasquetes, de rubans, de velours de Gênes, des cristaux, des verres, des miroirs, quelque peu de sucre et des épiceries, qu'on peut évaluer un million. Le commerce de la Turquie d'entrée peut être évalué à 2 ou 3 cent mille livres, — en tout deux millions.

10 ou 12 mille paires de cornes de buffle, qu'on façonne au tour pour en faire des bracelets pour les femmes de la campagne et de la ville; ces bracelets, pour les femmes riches, sont ornés d'or et de pierreries.

Il vient habituellement à Alger deux bâtiments de Turquie, et un d'Alexandrie. On porte de Turquie des toiles de coton et soie pour des chemises; des foutes de Salonique pour la barbe; des dimites; des toiles de coton nommées *doluk* servant aux doublures des habits et à faire des culottes; des bourgs, des satins; des velours de Brousse; de la soie; des pipes; des *lulés;* des gamelles; des cafetières, des marmites de rame *(sic)* et toute sorte d'autres ustensiles de cuivre pour le ménage. Le bâtiment d'Alexandrie porte du café, des maugrebines et du riz.

La douane d'entrée à Alger pour les marchandises du Levant et de la chrétienté est de 5 pour cent pour les Européens, de 5 pour cent pour les Maures et de 12 1/2 pour cent pour les Juifs. Il n'y a que fort peu de temps que les Maures sont au même taux que les Européens, pour la douane d'entrée; ils payaient ci-devant comme les Juifs. On prétend que le caïd des Juifs, voulant obtenir pour sa nation une diminution de douane, profita d'une occasion favorable pour représenter à Baba Muhammed qu'il n'était pas décent que les Maures payassent de plus forts droits que les étrangers. Le Dey trouva qu'il avait raison, et il réduisit la douane des Maures à 5 pour cent; mais les Juifs n'arrivèrent pas au but qu'ils s'étaient proposé en plaidant la cause des Maures; le Dey ne voulut pas diminuer les droits de douane en leur faveur.

Les plumes d'autruche, la laine et l'escayolle payent deux pour cent de sortie sur le prix d'achat. C'est le caïd des Juifs qui perçoit ce droit annexé à la ferme du tabac, pour laquelle il paye au beilik une somme de 4 ou 5 mille livres. Le tabac qui entre en ville et qui en sort lui paye le même droit de 2 pour cent. Le fermier a aussi un droit de 10 mezounes sur chaque charge de marchandises qui sort pour Constantine et les provinces du royaume. Il sous-ferme ce droit à un Maure qui se tient à Bab Azoun, la porte par laquelle on se rend dans la grande route (1).

On tire de France et de Livourne des draps, des toiles, des mouchoirs de soie, du café, du sucre, des épiceries, des satins, des étoffes riches, etc.; de Livourne surtout, beaucoup de mousseline des Indes. Les mouchoirs de

(1) Cf. p. 34.

soie de Barcelone ; les mouchoirs de soie de Lyon avec un bord [illisible] ainsi que des mouchoirs de [illisible] et que les femmes mettent sur leur *sarma* en toilette de ville.

Parmi les épiceries, il vient une bonne partie de clous de girofle, dont il se fait un usage singulier. Les gens de Biscara, ceux de Mozab et dans beaucoup d'autres lieux dans les montagnes, on enfile les clous de girofle en chapelets, et les femmes s'en servent en guise de colliers. Un article vraiment plaisant est celui des vieilles cardes qu'on ramasse en Languedoc et qu'on vend à Alger avec un très gros bénéfice. Une compagnie de juifs achète ces vieilles cardes, qu'on serait obligé de brûler ; ils les rajustent et les vendent aux gens de la montagne, qui s'en servent pour peigner la laine dont ils font les bernus et les haïks. Les cardes neuves sont un des articles principaux de notre commerce avec Tunis.

Il part annuellement d'Alger 2 ou 3 bâtiments chargés des pèlerins musulmans qui vont à la Mecque par Alexandrie. Les bâtiments français sont préférés. Ce sont des voyages très lucratifs.

On expédie aussi tous les ans pour Tunis un navire avec une grosse partie de barracans et quelques balles de ceinture de soie ; ces ceintures sont de là expédiées en Levant. Les haïks sont l'objet le plus important d'industrie qui sorte du royaume d'Alger : on les fabrique en grande partie dans le gouvernement du Ponant.

Les Algériens tirent de Marseille les soies qui l
sont nécessaires pour leurs broderies et leurs co
nets en or et en argent. Les Français les achète
Payas (?). Ce sont des soies très fortes et très grossi ,
qui restaient longtemps invendues à Marseille a t
que la maison de M. Gimon s'avisât de les acheter p r
Alger. De 7 à 8 francs qu'elles valaient la livre il y a 8 à 10 ans, elles valent aujourd'hui 11 et 12 francs. C'est la même espèce de soie qu'on emploie à Lyon dans les

galons, malheureusement pour le commerce si fort passés de mode.

On leur porte également de Marseille de la soie pour leurs fabriques de ceintures de soie, fort recherchées en Barbarie et en Levant. La peste de 1787 et 1788 a enlevé beaucoup d'ouvriers, et cet article essuyera une grande diminution pendant plusieurs années.

APERÇU DU COMMERCE D'ENTRÉE A ALGER

5 ou 6 cargaisons de Marseille dont l'ensemble peut être estimé.	800.000 lb.
2 ou 3 cargaisons de Livourne.	1.000.000
2 ou 3 cargaisons de Turquie et d'Alexandrie. .	300.000
	2.100.000 lb.

L'eau-de-vie de figues se nomme à Tunis *Boukha* et à Alger *Mahié;* les juifs en font leur boisson la plus ordinaire; le beilik leur vend les figues qui lui restent à la fin de l'année et que le caïd de Seboû lui envoie. La garame de cette caïderie ne se paie qu'en huile pour l'usage du beilik et en figues qui servent à la provision des corsaires (1). Il en vient 200 charges de chameaux. Bougie fournit beaucoup de figues et d'huile. Les figues pour faire la mahyé se vendent ordinairement de 7 à 8 pataques chiques le quintal de 200 livres, celles qui sont bonnes à manger se vendent à 10 ou 12 livres le même quintal, le raisin sec à peu près au même prix. Il s'en fait beaucoup, mais tout se consomme sur le pays et il ne s'en fait pas de chargement pour l'étranger.

COMMERCE DE SORTIE D'ALGER, BÔNE NON COMPRIS

5 ou 6 bâtiments chargés de cuir.

5 ou 6 bâtiments chargés de laine et de la cire du beilik, 3 ou 400 quintaux annuellement.

---

(1) Voir p. 12.

Un chargement d'huile.

Des barracans et des ceintures de soie pour la Turquie.

Du vermillon cueilli dans la province de Mascara qui est envoyé à Tunis.

Du blé, de l'orge, de l'escayolle, des légumes chargés à Alger, à Tedles et surtout à Arzeu. C'est l'article de plus grande importance, mais le plus ou moins de chargements dépend de la récolte, car il serait dangereux de faire trop renchérir les grains par un commerce d'exportation.

La caravane d'Alger pour le Levant consiste en un ou deux bâtiments pour Smyrne avec quelques balles de barracans et des ceintures; ils passent par Tunis, où ils portent 3 ou 400 quintaux de vermillon, et ils y prennent le reste de leur chargement, consistant en caisses de bonnets.

Trois bâtiments chargés d'hagis pour Alexandrie.

Et pour les affaires du gouvernement, un bâtiment de temps à autre pour Constantinople.

Il se nolise quelques bâtiments caravaneurs pour Livourne et pour l'Espagne.

Il aborde à Alger 25 à 30 bâtiments français, tant ceux employés au commerce d'importation et d'exportation de Marseille, que des navires en caravane. Plus 8 bâtiments ragusins, 3 à 4 bâtiments du Nord et une trentaine de bâtiments espagnols qui viennent chercher du grain ; ils apportent quelquefois des chargements de sel et des patates, du vin et de l'eau-de-vie.

Les plumes d'autruche sont devenues à Alger, depuis 25 ans environ, une branche de commerce importante. Le pays de Mozab en fournit la plus grande quantité. Les Maures et les Juifs vont les y chercher, et elles passent ensuite à Livourne et de là en France.

Telmessen est la ville qui fait le plus de commerce à cause de son voisinage avec Maroc. Les Marocains viennent y prendre la cochenille et la soie qu'ils passent en contrebande chez eux. Deux barils de cochenille suffiraient du reste à la consommation d'Alger; tout ce qui en vient de plus passe à Telmessen. Constantine fait une grande consommation de belles toiles et de belles étoffes pour le bey et pour sa cour. Saleh, qui est en possession de ce beilik, aime le faste et chacun imite son exemple. Avant lui il n'y avait que deux boutiques à Constantine pour ces marchandises; à présent il y en a dix ou douze. Ce sont des juifs qui font ce détail.

Le prix des bonnets de Tunis avant la peste de 1783, qui a enlevé plus de 100,000 âmes dans la seule ville de Tunis, était de 24 à 25 livres la douzaine de bonnets assortis; maintenant la douzaine vaut 33 et même 36 livres. Ceux d'Alger ne valent jamais que la moitié du prix de ceux de Tunis. On a essayé d'introduire les bonnets manufacturés à Marseille, mais leur pourtour n'est pas bien fini; on a eu de la peine à les vendre au prix de l'achat. Dans toute la Syrie et en beaucoup de pays de Turquie, on se contente cependant de ceux qui sont fabriqués en France et à Gênes. Ceux de Gênes et ceux d'Orléans sont mieux finis que ceux de Marseille et se vendent plus cher.

Parmi le présent annuel d'Alger composé de 200 jarres d'huile, 600 jarres de mantague, 50 jarres de savon, il y a aussi une caisse de bonnets pour le dey, des barracans, des palascas, des *giusdans* brodés, de l'essence de rose. Les grands ont aussi leur part de tout cela. C'est un présent évalué 50,000 écus.

Les ceintures, les garnitures d'habit, les petits boutons dont ils employent en quantité dans toutes leurs sure (?) et tout ce qui se fabrique à Alger en soie, est fixé ou à l'once ou au pic et on n'a pas besoin de demander le prix. Cette taxe est faite par l'amine du corps de métier suivant le haut prix ou le bon marché de la matière première. L'once des couleurs violettes vaut aujourd'hui, 1788, 2 pataques l'once et les couleurs rouges en cochenille 2 pataques et demie. Une ceinture de soie un peu forte sans or pèse deux onces; avec de l'or elle va quelquefois jusqu'à cinq livres. Les souliers sont aussi taxés; ils valent aujourd'hui 12 mezounes la paire. Il en est de même du prix des vivres. Celui qui préside aux marchés se nomme *muhtesib*. C'est un Maure du corps des gens de loi; mais ce n'est pas lui qui est chargé de la police. Il a un vekil khradj qui fait tous les jours le tour de la ville pour peser le pain que l'on vend et régler le prix des denrées. Lorqu'il rencontre un boulanger qui fait le pain moins pesant, il lui coupe tout son pain, le distribue aux pauvres et il fait donner la bastonnade au boulanger.

Tout corps de métier a un amin, qui règle le prix des marchandises; il est à la nomination du bey.

Douane. — La douane du Levant se fait à la porte de la Marine. On n'ouvre point les balles, on ne fait que les peser et on prend 30 sols de douane par quintal. Les choses de soie devraient payer 3 %, mais comme on n'ouvre rien, elles passent comme toilerie grossière. Il y a certains objets tarifés, mais tout à très bas prix. Tout ce qui vient de chrétienté doit aller chez le dey, mais en s'entendant avec le codgea qui fait le compte ou le khrasnagi ou le vekil khradg de la laine, on trouve moyen de passer beaucoup de choses. D'ailleurs les Turcs ne sont point stricts sur ces sortes de choses, et dans toute la Turquie, lorsque la douane est régie par les Turcs on trouve beaucoup de douceur. Les articles de sortie rendent peu à la douane; le plus fort est celui du vermillon, dont on fait environ 200 quintaux par an; il vient de Mascara et de Belidé.

La douane d'Alger, si elle était plus rigide qu'elle n'est en usage de l'être, rendrait dans ce moment, où le commerce d'entrée a fort augmenté, 3 ou 400,000 livres. Mais comme toutes les marchandises sont tarifées à un prix qui n'est pas le quart de leur valeur, il arrive que les juifs, qui devraient payer 12 1/2 %, n'en payent pas réellement 4 et que les Européens et les Maures, qui doivent payer 5 %, en payent à peine 1. Dans toute la Turquie, lorsque les Turcs eux-mêmes tiennent la douane, elle se fait partout avec beaucoup de douceur ; mais lorsque les chrétiens et les juifs en sont les maîtres, elle est alors aussi rigide qu'en Europe, à l'exception de la contrebande, qui, lorsqu'elle est surprise, ne paye jamais que le double. A Alger, le fer, les planches et tout ce qui est munition de guerre ne paye rien de douane. Un bâtiment qui entre vide et sort vide du port d'Alger doit un demi-ancrage (1).

Tout objet de bouche, une couffe de dattes, un panier d'oranges, ne peut être embarqué sans une permission particulière du dey ; le khrasnagi n'ose souvent pas prendre sur lui d'en accorder la permission. On choisit pour cela un chaouch maure qui accompagne l'objet en question jusqu'à la porte de la Marine, où se tient le codgea de la douane. Toutes choses venant d'Europe sont portées du bâtiment à la maison du dey, où le khrasnagi fait la douane, et les grands écrivains en prennent note. Le codgea douanier qui n'est en place que pour 2 ans, régisseur à 10 % de droit, ne retire que la douane de tout ce qui vient du Levant et le peu d'objets de sortie qui ne sont point de contrebande, ou qui n'exigent pas une permission particulière du gouvernement, et ces derniers objets sont en très petite quantité.

Vêtements.— Le goût des Algériens est pour la broderie ; les hommes et les femmes en ont sur tous leurs habits pour des sommes importantes. Mais la broderie est grossière, et l'or seul en fait le prix. L'habillement des femmes est composé d'une chemise de gaze ou soie et coton coupée sur le devant comme la chemise d'un homme et même moins ouverte ; elle descend jusqu'à la cheville. Les manches sont d'une largeur démesurée, et elles sont aussi larges que la longueur entière de la chemise, mais elles ne sont ouvertes que depuis l'omoplate jusqu'aux

---

(1) Cf. p. 29.

hanches القميصة. Ces manches sont entrecoupées par des rubans de diverses couleurs en soie, au milieu desquels est aussi une bande de brocard. Tout à l'entour des manches on coud encore en forme de manchettes une dentelle en or ou en argent; quelquefois même au lieu de rubans de soie ce sont des galons. Ces ornements vraiment ridicules rendent une chemise fort chère. Sur cette chemise est un caftan de satin ou d'autre étoffe en soie brodée qui lui descend jusqu'au mollet غليلة *(ghelila)*; ce caftan est sans manches et entièrement ouvert sur le devant. Dans la maison elle ne porte point de culottes سروال; elle n'en porte que lorsqu'elle sort. Elle s'entoure le corps d'une grande foute de soie, qui la couvre depuis les hanches jusqu'à la cheville. Elle porte sur la tête pour toute coiffure un plateau d'or ou d'argent صَرْمَه *(sarma)* travaillé et à jour, cousu sur un morceau d'étoffe. Ce plateau est en deux morceaux, celui qui couvre la tête et celui qui ceignant le front vient se lier par derrière. Cet ornement est encore assujetti par un bandeau de crêpe de couleur, ou d'un bandeau qui couvre la moitié du front. Le *Sarma* en or est un objet de 7 à 8 cents livres et même de mille livres, cent sequins algériens.

Une femme riche en parure met au lieu du bandeau de crêpe un assabé عصابة, qui est un bandeau en or incrusté de perles, de diamants, d'émeraudes, etc.; elle porte à ses pieds des bracelets en or massif et très pesants خلخال *khalkhal.*

La magnificence de la parure est de mettre quatre ou cinq caftans l'un sur l'autre, de sorte que, sans exagération, on peut dire qu'une femme a sur elle plus de 60 livres pesant de hardes ou de joyaux.

Les bras depuis la jointure des poignets jusqu'aux coudes sont couverts de bracelets سوار اساور *(souar)* et chacun de ses doigts d'une bague; au moins elle en a deux paires, plus large l'une que l'autre. Chacun de ses bracelets est distingué par un nom particulier. مسيّس [msâïs] est un bracelet pour le gros du bras, en or, sans pierrerie. مُقْيَس [*mekyâs*] est un bracelet fait en corne de buffle, orné ou non. رُوطِيش [*routich ?*] est le bracelet qui est le plus près du poignet; c'est celui qui ressemble aux bracelets en usage en Europe. اساور سُوَارْ (*souar*) est un bracelet en or très large.

Leurs oreilles sont aussi chargées d'ornements et percées en deux ou trois endroits pour les soutenir. Une boucle d'oreille très large, aux deux bouts de laquelle est un ornement en or ou en pierreries, se nomme ضرسة (*dersa*); les pendants se nomment مَنَاقِش [*menâkich*].

Les femmes riches portent aussi plusieurs chaînes, outre le collier, qui leur descendent sur la poitrine et sur le ventre. Ces chaînes d'or se nomment عمبارة [عنبرة ?].

Lorsqu'elles vont en fête elles mettent trois et quatre caftans dorés et descendant jusqu'à la cheville les uns sur les autres قفطان ce qui, avec tous leurs autres ajustements et dorures, peut peser au delà de 50 ou 60 livres. Ces caftans en velours, satin ou autres étoffes de soie sont brodés en fil d'or ou d'argent sur les épaules, sur les devants, et ils ont jusqu'à la ceinture de gros boutons en fil d'or ou d'argent des deux côtés; ils viennent se lier sur le ventre par deux boutons seulement. Elles portent une ceinture en soie et en or, qu'elles arrangent de manière à leur servir de jupon; mais c'est pour en montrer l'or.

Sur la tête elles ont un crêpe blanc ou de couleur qu'on nomme عبروق (*abroûk*) et par-dessus un haïk de laine très fin, qu'on fabrique dans l'empire de Maroc. Les hommes, à Maroc, portent également de ces haïks, mais dans le reste de la Barbarie les haïks des hommes sont plus épais. Lorsqu'elles sortent, les femmes se couvrent d'un voile برقع (*borka*) qui leur cache tout le visage et le front, à l'exception des yeux. Leurs papouches ont le dessus en maroquin ou en velours, couvert d'une brode rie en or, et leur *serval*, de satin ou de toile fine, leur descend jusque sur les papouches.

La paume de la main, les ongles, la plante des pieds, tous les doigts des pieds sont teints avec du henné.

L'habillement des hommes est composé, pour le corps des cogeas, d'un amamé عمامة qui est un turban blanc de forme ronde en mousseline. Les buluc-bachis portent aussi l'amamé, ainsi que le dey. Les autres officiers de l'ogeac portent un turban en soie rouge et en or; ils l'appellent شدّ chidd. Il n'est pas fort volumineux et il entoure un fes rouge; ce turban a très bonne grâce. [Il varie] suivant l'état et la qualité des personnes.

Les cogeas en charge portent le caftan en drap, et il leur descend jusqu'à la cheville, et par-dessus le bernus blanc.

Tous les autres et le dey même portent un *sidrié* en drap ou en toile sous la chemise. Ce sidrié est le corset de dessous, qui descend jusqu'à la cuisse. Sur ce sidrié est une sous-veste qu'on nomme bedajî بَدَايع. Par-dessus cette sous-veste est un petit *jubé* de drap, de satin ou de velours, qui tombe jusqu'aux hanches, avec des manches à boutons et boutonnières; il est ordinairement orné de broderies. Ce jubé se nomme ghalilé giaba douli غليلة جبادولى. Par-dessus ce jubé en vient un autre sans manches, mais un peu plus long de deux ou trois pouces; on le nomme kebajé قباية; celui-ci est toujours en drap pour les hommes, et en velours ou satin pour les enfants; il est richement brodé.

Sur le bedajî ils mettent une ceinture de laine ou de soie simple ou en or; c'est le hizam حزام. A la ceinture, du côté gauche, est le jataghan باتاغان. Par-dessus tous ces vêtements est le bernus blanc ou noir.

Les culottes se nomment *serval*, au lieu de *chalvar*; ils emploient 8 pics de drap fin pour faire une culotte et 18 pics de toile; c'est quelque chose d'effrayant.

Lorsqu'ils montent à cheval pour aller à la guerre, ils portent une gibecière dorée qu'on nomme balasca پالاسقه.

La culotte de drap, de toile, d'une étoffe de laine grossière telle qu'on en donne aux joldachs et aux esclaves est le serval سروال. Les souliers d'homme avec le quartier se nomment صباط (*sbât*). Les souliers dont les femmes se servent lorsqu'elles sortent se nomment schibirlé شبرله. Les papouches بابوج sont des souliers sans quartiers qui servent aux hommes et aux femmes. Le dey, les codgeas, les chiaouchs, les gens de loi, les bulukbachis portent des papouches jaunes ; mais les papouches des chiaouchs sont garnies de fer en dessous, ce qui fait qu'on les entend venir de fort loin. On prétend que c'est pour avertir ceux qu'ils ont ordre de saisir.

Les soldats turcs un peu aisés portent des bernus noirs ; ils sont faits à Maâscare, et ce sont les femmes qui les travaillent avec de la laine noire naturelle, et non teinte. C'est une étoffe forte, bien tissue, mais pesante ; il faudrait bien peu de façon pour que ce drap devînt d'un bon usage. Ces bernus coûtent 35 à 40 fr.

Les bernus noirs sont l'habit de cérémonie des bulukbachis. Le dey et les grands officiers du gouvernement le portent blanc sur des caftans et des jubés de drap avec des broderies sur le devant, sur les manches et sur les épaules.

Armée et corsaires. — Dans le temps de la grande paye, en avril, on règle l'ordre des camps et des garnisons. Chaque joldach a sa place assignée pour toute l'année, à l'exception de ceux qui doivent se reposer, car il y a toujours un an de travail et un an de repos ; on est destiné pour le service de terre ou réservé pour l'armement des corsaires. On en met un nombre déterminé sur les vaisseaux du beilik, et ils ne reçoivent aucun supplément de paye pour ce service.

Les matelots maures reçoivent un salaire ; c'est le rais

qui le distribue. La plus haute paye pour le voyage, qui dure 40 à 50 jours, est d'un sequin algérien. Tout Maure et tout Coulogli de la ville, qui a été en mer dans sa jeunesse, est obligé de marcher lorsqu'un rais le demande. Celui-ci va le trouver et lui met de gré ou de force un sequin dans la main : il a beau s'excuser qu'il a une famille, qu'il est vieux, qu'il a une boutique ou un métier à faire valoir ; si le rais s'obstine, il est obligé de s'embarquer. Celui qui fuirait ou se cacherait après avoir reçu l'engagement encourrait peine de mort.

On ferme le port lorsque le divan a décidé l'armement des corsaires. Cet embargo dure depuis le moment de l'équipement jusqu'à ce qu'ils aient fait quelque prise ou que quelqu'un des corsaires sortis soit revenu. Les détentions ordinaires sont toujours de 30 ou 40 jours. La saison où on équipe les vaisseaux et qu'ils partent pour la course est le printemps et l'automne ; pendant l'été on fait sortir les galiotes. Les forces navales de la Régence consistent en 6 barques, de 26 à 30 canons ; en 3 chevecs, de 18 à 22, et en 2 demi-galères. Trois de ces bâtiments et les deux galiotes appartiennent au beilik ; les autres appartiennent au dey, aux grands et à de simples particuliers. Un juif peut être armateur, et il y en a qui ont des intérêts à quelqu'un de ces vaisseaux. Le bey de Mascara a aussi deux petites galiotes qui sont rarement expédiées et toujours en été (1).

Les corsaires algériens ont des envergures très larges, auxquelles il est aisé de les reconnaître de loin ; ils sont tous à pible et sans hunes. La voile est si disproportionnée à la grosseur du mât, [qu']ils font bien peu de voyages en hiver, qu'ils n'aient besoin de changer leurs mâts et les avirons. Comme les Algériens veulent des bâtiments fins et bons voiliers, ils sacrifient la solidité à la légèreté ; leurs vaisseaux ne pourraient résister

(1) Cf. *suprà*, p. 7.

longtemps à un combat de boulets, et il est même surprenant qu'ils puissent porter leurs batteries, dont les canons sont trop près les uns des autres et n'ont point assez de place pour le recul. Mais aussi les corsaires ne s'amusent point à tirer du canon : ils cherchent à aborder le vaisseau ennemi, et il faut avouer qu'ils ont alors un grand avantage à cause de la quantité de monde qui se présente les armes blanches à la main et auquel on ne peut refuser la force du corps, la résolution et le courage.

Autrefois on mettait beaucoup d'esclaves chrétiens sur ces corsaires, soit pour le charpentage, soit pour la manœuvre. Maintenant on n'en met plus que deux, qu'on nomme *pertuseri* : ce sont deux maîtres charpentiers ; mais ce n'est que dans les vaisseaux appartenant au beilik ou au dey et aux grands officiers du gouvernement ; les autres armateurs n'ont pas coutume d'en mettre. Autrefois aussi on embarquait un esclave chirurgien ; aujourd'hui on confie la caisse des remèdes à un Maure qui se donne pour chirurgien. Les esclaves valant une somme de conséquence, on les risque le moins que l'on peut. L'armement d'un corsaire est évalué à 5 ou 6 mille livres pour la paye des matelots, à raison d'un sequin par tête ou de deux sequins mahboubs lorsque les hommes sont rares, comme ils le sont aujourd'hui, 16 novembre 1788. La peste ayant emporté beaucoup de matelots, on a été [obligé] de les payer plus cher que de coutume, tant à cause de la rareté que de la mauvaise saison où ces armements se sont faits ; on n'a pas coutume de les faire sortir si tard. Lorsque le bâtiment qu'on attaque fait résistance et se défend bien, le rais promet un esclave au premier qui sautera à l'abordage. Cet esclave se vend au moins deux cents sequins.

Les joldachs destinés pendant l'année au service de mer sont obligés de s'embarquer sur les vaisseaux appartenant aux particuliers, comme sur ceux qui appartiennent en propre à l'État. Ce sont les nouvelles recrues qui sont destinées au service de mer. Ils portent leur fusil, leurs pistolets, leurs sabres et une couverture pour dormir; c'est là tout leur équipage. Le beilik ne fournit à personne ni cadre, ni hamac, ni matelas; il donne du vieux linge pour panser les blessés et une caisse de médicaments.

Les provisions que le beilik donne aux corsaires consistent en biscuit fait avec de la farine de blé et d'orge, en olives noires, en huile, en vinaigre et en figues sèches. Le reis n'est pas mieux traité que l'équipage, mais il est le maître, ainsi que chacun des matelots et des joldachs, de porter du khaliâ, du couscoussou, du riz et des légumes. Les joldachs qui s'embarquent, quelques jours avant leur départ, vont rouler dans les jardins pour faire leurs provisions de grenades, d'oranges, de limons ou autre fruit qui peut se conserver. La veille du départ ils commettent toujours des désordres dans la ville, et ils mettent à contribution les juifs qu'ils rencontrent : ils leur arrachent leurs calottes, le mouchoir qui entoure leur tête. Aussi ce jour-là ils ferment leurs boutiques et restent chez eux. Ils prennent aussi aux esclaves leurs bonnets rouges. Beaucoup de Maures ferment aussi leurs boutiques.

Le départ des corsaires est annoncé dès la veille par un coup de canon tiré à bord de chaque armement. Lorsqu'ils sont près l'embouchure du port, on leur porte la poudre. Lorsqu'ils commencent à faire voile et passent devant la maison du dey, ils la saluent d'un coup de canon; devant Bab el Oued ils tirent un second coup de canon en l'honneur de Sidi Faradg, qui y est enterré.

[*Autre rédaction.* — Lorsqu'un des vaisseaux destinés pour la course a esparmé, il fait une décharge de trois pièces de canon. En sortant du port il tire un coup de canon pour saluer la maison du dey, et lorsqu'il [est] en dehors, il en tire un autre en l'honneur du santon en grande vénération, enterré dans la partie du nord, près de la porte de Bab el-Oued ; on le nomme Sidi Abd ul-Rahman. A son retour, lorsqu'il a fait quelque prise, il s'annonce de fort loin en tirant des coups de canon de temps en temps et coup sur coup lorsque la prise est riche].

Les corsaires sortent toujours cinq ou six à la fois ; ils ont un commandant qu'ils doivent suivre. Ils le font tant que le beau temps dure, mais comme ils n'entendent rien aux signaux et que pendant la nuit la prudence les oblige de n'avoir point de fanal allumé, au premier coup de vent la petite escadre se sépare et chacun va chercher fortune comme il l'entend. Quand, après plusieurs jours de course, un corsaire ne fait point de prise, il arrive assez souvent que les joldachs forcent le rais de retourner au port.

Raïs. — C'est le dey qui nomme les raïs en exercice, soit pour les vaisseaux de la Régence, soit pour ceux des particuliers, et chacun d'eux monte toujours le même bâtiment qui lui a été destiné. — Baba Ali avait ordonné au corps de ville de faire deux vaisseaux de 60 canons et de répartir les parts d'intérêt entre toutes les personnes riches et même les juifs ; mais sur les représentations qu'on lui fit, il revint de cet ordre, que le pays regardait comme désastreux pour lui. Les particuliers ne sont point forcés de faire des corsaires, chacun d'eux est parfaitement libre là-dessus. Mais le bâtiment fait, les armateurs ne sont pas libres de le laisser dans le port sans l'armer. — Ces rais, outre leur paye de joldachs, ont des *avaïd*, et ils ont part aux présents consulaires que toutes les nations en paix avec Alger sont obligées de donner. Ces droits, et leur part de prise lorsqu'ils sont heureux dans leurs courses, les mettent à même de faire fortune ; mais ils ne sont pas maîtres d'en jouir et de se retirer. Bien plus, lorsqu'ils tombent esclaves et qu'ils n'ont point d'enfants mâles, le beit ulmalgi s'empare de leur bien, et dans le cas qu'ils soient mariés, il ne laisse aux femmes que leur douaire. Si les enfants d'un rais esclave sont des filles, le beit ulmagi partage avec elles le bien en suivant l'usage établi pour un fils partageant l'héritage avec ses sœurs.

La règle pour le partage des héritages à Alger est celle-ci. Le Turc qui laisse une fille, la fille hérite de tout le bien, prélevé le douaire de la mère et un huitième sur la succession. Si le défunt est Maure et qu'il ne laisse qu'une fille, la dot et le huitième de la succession étant prélevés sur tous les biens, la fille hérite d'un tiers, et le beit ulmalgi des deux autres tiers. Si ce Maure a des enfants mâles, le beit ulmalgi n'a aucun droit. Cette même règle est suivie pour les Turcs et les Maures qui tombent esclaves : l'un et l'autre, s'ils ne sont point mariés, le beit ulmalgi s'empare de tous les meubles et immeubles ; il fait vendre et il réalise. S'ils sont mariés sans enfant, la dot et le douaire de la femme prélevés, le beit ulmalgi s'empare de tout. Si le Turc marié qui tombe esclave a une fille, le beit ulmalgi ne peut toucher à ses biens. Si le Maure marié qui tombe esclave n'a qu'une fille, le beit ulmalgi, la dot et le douaire de la femme prélevés (le douaire est toujours le huitième), il partage avec la fille : celle-ci a un tiers et le beit ulmalgi les deux tiers, comme le garçon mâle de la famille. Cependant les sommes dont le beit ulmalgi s'empare ne sont qu'un dépôt entre ses mains : il prélève son droit de 10 %, les droits du cogea, de l'odabachi, du cadi, du drogman et des chaouchs qui forment son tribunal, et le restant est déposé dans le coffre-fort et noté sur des registres. Si l'esclave reparaît, on le lui rend, à l'exception des droits et des frais de justice, qui sont répartis à l'instant irrévocablement.

Le beilik ne rachète personne et lorsqu'un esclave revient à Alger, le beit ulmalgi lui rend un quart ou tout au plus un tiers des meubles et immeubles dont il s'est saisi, et le beilik lui donne un an de paye seulement.

Voici la manière d'installer un rais. Le dey fait part au vekil khradg de la marine de celui qu'il a choisi celui-ci, lorsque tous les rais sont réunis le matin, selon l'usage, à son kiosk leur annonce les ordres du dey. Le rais élu fait ses remerciements en récitant le *fatihat*, c'est-à-dire le premier chapitre de l'Alcoran. Tous les assistants et le vekil khradg en font autant avec beaucoup de gravité et de recueillement. Cela fini, le rais élu se lève et va à bord du vaisseau qu'on lui destine, et il fait sur-le-champ arborer le pavillon en faisant une décharge de cinq pièces de canon. Les autres rais font arborer aussi leur pavillon et saluent leur nouveau confrère de cinq coups de canon.

Les rais démontés ou parce qu'ils sont malheureux dans leur course ou parce qu'ils sont trop vieux, sont employés au service de drogmans auprès des consuls. Ces drogmanats sont d'excellentes places qui les enrichissent, surtout ceux qui sont drogmans de France, d'Espagne, de Venise, à cause des bâtiments de commerce ou de caravane qui abordent à Alger. Ils ont un droit d'ancrage sur chaque navire de 3 sequins mahboubs ; ils ont part aux présents consulaires soit de la nation qu'ils servent, soit des autres ; des appointements de 7 à 8 cents livres ; cent livres à l'arrivée d'un vaisseau du roy, etc.

Les rais démontés sont envoyés en qualité de pilotes sur les navires marchands qui sont destinés à aller charger à la côte du royaume. Ces voyages leur procurent 10 sequins algériens que le capitaine piloté donne ; et le bey, dans le district duquel le navire va charger, renvoie le rais à Alger à ses frais et dépens, en lui faisant aussi un présent en argent. Bon gré mal gré, le navire qui d'Alger va charger à la côte est obligé de prendre un pilote.

Les rais, anciennement, étaient tous Maures ou renégats. Sous le règne de Baba Ali on commença à introduire des Turcs dans ce corps ; il n'est plus aujourd'hui composé que de Turcs levantins. Ces rais maures n'avaient ni appointements, ni la paye de l'ogeac qui n'appartient jamais qu'aux Turcs et aux Couloglis, et ils ne jouissaient que des avaids attachés à leur place.

Lorsqu'un corsaire fait une prise, si le temps de sa croisière n'est point fini, il amarine sa prise avec un équipage suffisant, et il en donne le commandement à celui de son bord qu'il croit le plus capable. En arrivant à Alger, celui qui a amené la prise est reçu rais; on l'installe en tirant trois coups de canon du bord de chaque bâtiment de la Régence. Le corps des rais est, en conséquence très nombreux; ils ne sont point tous en activité. Ce sont ceux que l'on met pour piloter les bâtiments européens qui vont charger à la course; le capitaine chrétien est obligé de leur donner 12 sequins algériens, et le bey dans le département duquel il l'amène a à lui faire un présent en argent et à lui payer les frais de son retour par égard pour la recommandation du vekil khradg.

Les six corsaires sortis par extraordinaire en novembre 1788 sont tous de retour à l'exception d'un. Outre la proie du bâtiment hollandais dont on a confisqué la cargaison à cause que son passeport était de quelques lignes plus court, on a aussi amené une tartane française chargée de tabac que le reis Soliman, ancien capitaine de port, a arrêté sur la côte d'Espagne. Ce bâtiment était commandé par un de ces Génois qu'on a invités à venir s'établir au Port Vendres; il avait passé soumission pour y venir s'y caser, mais il n'y était point encore, quoique son passeport lui ait été délivré dans le mois d'août 1788. Son équipage était composé de Génois, de trois Vénitiens et de deux Ragusins, le tout au nombre de 9 personnes, le capitaine compris. Ses papiers examinés, on a fait bonne prise le navire et fait esclaves les hommes, sans égard pour le passeport, qui véritablement a été donné bien légèrement par le commissaire du Port Vendres. Dans l'assemblée où on a jugé cette cause, il y avait près de 50 reis anciens et nouveaux; la dernière peste en a emporté 50 à 60. Les reis maintenant en activité sont tous Turcs et Arnaouds, à l'exception du vice-amiral, qui est un juif renégat, nommé Hagi Mohammed. Il a fait une fortune considérable à la course. Mais le gouvernement commence à n'être plus fort content de lui, car depuis plusieurs années il n'a point amené de prises. C'est celui qui inquiète le moins les navires des pavillons amis.

Dans l'assemblée où a été décidée la confiscation de la tartane française, dont il a été parlé ci-dessus, Soliman Reis, qui pérorait, disait avoir visité plus de 50 bâtiments. Voilà donc 50 bâtiments en quarantaine. On peut dire sans exagération que dans cette dernière croisière des bâtiments de la Régence il y aura eu plus de 150 navires européens mis en quarantaine. Je ne parle pas des mauvais traitements que la plupart de ces navires doivent avoir reçus : le moins est l'enlèvement de leurs provisions et de leurs instruments de navigation. Saleh Reis, un de ces reis corsaires sortis en novembre dernier, a dit avoir fait amarrer sur un canon et fait fustiger de 150 coups de corde un capitaine hollandais qu'il a rencontré et qui cherchait à se dispenser de venir à l'obéissance.

On donne aussi aux consuls des cogeas pour drogmans, mais ces cogeas sont toujours de la classe de ceux qui servent sur les corsaires en qualité d'écrivains, et non point de la classe de ceux qui sont destinés au service de terre et qui sont obligés de donner mille pataques chiques pour être incorporés.

On commence ordinairement à préparer l'armement des chebecs et des barques à la fin de mars, et ils sortent en avril. Ils font une seconde sortie dans le mois d'octobre, et l'armement se prépare à la fin de septembre. Les deux galiotes sortent dans le mois de juillet et août. Ils prennent pour deux mois de vivres ; la course ordinaire est de 40 à 50 jours (1).

---

(1) Cf. p. 40.

Le rais choisit tous les officiers de son vaisseau, cogea ou écrivain, *sottorais*, etc.

Les joldachs qui s'embarquent sont obligés de lui obéir ; ils ne se mêlent point de manœuvre ; ils sont destinés au service de la mousqueterie et à sauter les premiers à l'abordage avec les armes blanches. Leur place est sur le gaillard d'arrière, où les matelots maures ne peuvent venir sans leur permission ou pour leur service. La compagnie des joldachs qui s'embarquent pour la course ont les plus anciens pour bulukbachis et chiaouchs. Lorsque quelqu'un mérite châtiment, le chiaouch et le bulukbachi donnent la bastonnade ou mettent aux fers. Le rais a la haute main et c'est lui qui établit à son gré le capitain et le chiaouch. Le cogea ou l'écrivain lui est donné par le dey, ainsi que le vekil khradg, c'est-à-dire le commis aux vivres.

Prises. — Lorsqu'on prend un vaisseau à l'abordage, toutes les hardes des matelots sont au pillage ; tout ce qui est dans la chambre appartient en propre au rais ; mais ni le rais ni l'équipage ne doivent point toucher à la cargaison et aux agrès. Lorsqu'un navire ennemi se rend sans faire résistance, il n'y a point de *cara porta* : c'est le mot dont on se sert à Alger pour dire le pillage. Sans des raisons très valables, un rais ne peut point vendre une prise qu'il a faite ; il est obligé de l'emmariner et de l'envoyer ou de la conduire lui-même à Alger.

Le bâtiment arrivé au port, on vend sur-le-champ la cargaison, et les esclaves après avoir fait une note générale. Le beilik retient 12 % sur le net produit de la cargaison, et pour la douane des esclaves, il prend le capitaine, le pilote, l'écrivain et le charpentier. Les esclaves sont ensuite vendus à l'encan, et tout ce qu'ils produisent au delà de soixante sequins algériens est pour le khrasné. Turc, Maure et Juif sont admis à faire leur offre.

S'il y a moins de 8 esclaves dans l'équipage, le beilik prend toujours le capitaine pour la douane ; s'il y en a

11, il prend deux personnes, le capitaine et l'écrivain, et un sur dix au-dessus de 20. Cependant, comme il a déjà été dit, au-dessus de soixante sequins tout ce que produit la vente d'un esclave, ou ordinairement de 100 à 150 sequins algériens, est pour le beilik.

La cargaison et les esclaves réalisés en argent comptant et les droits de beilik prélevés, on fait les parts. La moitié de la somme reste aux armateurs, soit que ce soit la Régence, soit que ce soient des particuliers, et l'autre moitié est pour l'équipage, chacun selon son grade et la qualité de son service. La carcasse du bâtiment et tous les agrès appartiennent aussi aux armateurs ; les canons et les munitions de guerre au beilik.

Le rais a 40 parts, le sottorais 3, le matelot 3, le mousse 1, le capitaine des joldachs 3 parts, chaque joldach 1 part 1/2, l'écrivain 3 parts, le capitaine de l'artillerie 3 parts, le vekil khradg ou commis aux vivres 3 parts, les contre-maîtres 2 parts, les timoniers 2 parts, les esclaves chrétiens 3 parts.

Le cogea des prises est perpétuel, c'est-à-dire qu'il reste en place tant qu'il plaît au dey. La confiscation du dernier bâtiment hollandais chargé de sucre, venant de Lisbonne et destiné pour Ancône, a rendu pour l'équipage, pour part de prise, 150 livres. Les premiers matelots ont 3 parts, ceux-là ont eu de 4 à 600 livres pour leur part ; les Turcs embarqués seulement pour le service de la mousqueterie ont une part et demie, ce qui leur a fait 220 livres. Mais on remarque que cet argent de la course ne profite guère, les tavernes et les filles le mangent bien vite ; le vin, l'eau-de-vie et les liqueurs leur deviennent chères, parce qu'il faut régaler les camarades. La fille n'est pas ruineuse, pour 12 à 15 sols ils la contentent ; les plus renchéries sont à un sequin, c'est-à-dire 10 livres environ (1).

(1) On lit ailleurs (f. 160) : « Le 7 avril 1789 on a fermé le port pour se préparer à faire sortir les corsaires. Après leur départ il

Esclaves. — Les particuliers qui achètent des esclaves par spéculation les louent à raison d'un demi-sequin algérien par mois lunaire. Par ce moyen, l'esclave donne le change de l'argent qu'il a coûté, et son patron attend le moment d'en tirer un bon rachat. Tous les domestiques des consuls, des négociants, ouvriers et artisans européens, des Pères de la Mission et de l'hôpital espagnol, sont choisis parmi les esclaves. Ceux qui tombent entre les mains des juifs s'impatronisent bientôt de la maison. On en donne aux cacheriés ou casernes des Turcs pour les tenir propres et pour servir. Ce ne sont point les esclaves les plus à plaindre ; les Turcs les traitent avec douceur et humanité.

Il y a trois bagnes à Alger, dans lesquels sont enfermés les esclaves chrétiens appartenant au beilik et destinés au service de la marine et aux travaux publics. Ce sont les seuls esclaves qui soient à plaindre, en exceptant cependant de ce nombre les charpentiers, les calfats et ceux qui afferment les tavernes : tous ceux-ci ont le moyen de gagner de l'argent et même leur rachat en peu d'années. Ceux qui sont à la tête des esclaves et qui mènent le travail s'appellent *caravana :* ils ont le moyen de gagner et de vivre à leur aise.

Chaque bagne a un esclave qui a le titre d'écrivain et qui fait tous les soirs la revue ; il y a en outre le grand écrivain des esclaves, qui a un sort très heureux. Celui-ci est admis dans les sociétés franques, et il gagne en peu d'années son rachat s'il a de la conduite. Ces écrivains sont les officiers du *gardian bachi*, qui est un officier turc commandant les esclaves et distribuant leur travail.

---

faudra expédier la noubé de Bône, et c'est un bâtiment de la Régence qui la transporte et qui ramène l'autre. Les garnisons de Giger, Begiajé, Tedlès, sont expédiées par des bateaux. Jusqu'à ce qu'il vienne quelque nouvelle des corsaires expédiés, le port restera fermé, et peut-être jusqu'aux premiers jours de juin. »

Les trois bagnes dont j'ai parlé se nomment : le premier et le plus grand, le bagne du beilik ; le second, le bagne de Sidi Hamouda, à cause d'un santon mahométan de ce nom, qui est enterré auprès ; et le troisième se nomme le bagne des galères. Il fut fait à l'occasion de deux galères napolitaines qui furent conduites à Alger par les Maures et les autres galériens qui y servaient. Les Maures esclaves avaient fait entendre aux autres galériens napolitains qu'ils seraient libres en arrivant à Alger. Ceux-ci entrèrent dans le complot, et ils amenèrent les deux galères avec tout leur état-major. Arrivés à Alger, le gouvernement fit esclaves tous les chrétiens, et il n'y eut que les musulmans qui gagnèrent leur liberté. Naples a fait racheter les officiers, mais le roi a défendu même aux Pères de la Rédemption de racheter les malheureux qui étaient entrés dans le complot des musulmans ; il en reste encore aujourd'hui, 1788, une trentaine qui ont échappé au fléau de la peste qui a ravagé le royaume en 1787 et en 1788, à la suite de la peste qui fut portée à Tunis d'Alexandrie en 1783.

On nomme *aaldj* علج un chrétien qui se fait turc et *selami* اسلامي un juif qui se fait mahométan. Le beilik ne permet point aux esclaves chrétiens de se faire musulmans, et le dey régnant a même fait quelquefois passer cette envie à force de coups de bâton à certains esclaves qui avaient eu cette fantaisie. Mais s'il arrivait que l'esclave d'un juif même se fît turc, il ne serait pas moins son esclave si le dey ne l'admettait point à la paye et ne le faisait inscrire au nombre des joldachs. Ce juif même pourrait l'envoyer vendre dans la Turquie, et il y en a eu des exemples. Cette loi est faite pour que les esclaves, par un changement de religion, ne privent point le beilik des droits de sa rançon. Ici, d'ailleurs, on est persuadé qu'un homme d'un certain âge ne peut changer de religion de bonne foi, et qu'il faut être jeune et enfant même pour être capable de se convertir de bonne foi.

La peste, dans ces deux dernières années, a enlevé dans la ville d'Alger 7 à 800 esclaves chrétiens ; il en reste maintenant 500 au plus, soit entre les mains du beilik, soit entre les mains des particuliers. Avant cette peste et les rachats qui ont eu lieu, à la suite de la paix de l'Espagne avec Alger, par la Rédemption de Naples, de France et de l'Espagne, le nombre des esclaves était ici de près de 2,000 (1).

La France a racheté les Français déserteurs d'Horan au nombre de 315, au prix de 150 sequins algériens par tête, les frais non compris. Ceux d'Espagne et de Naples ont coûté 1,000 et 1,200 piastres fortes ; ce rachat a monté à un million de piastres fortes, 700,000 piastres fortes pour l'Espagne et 300,000 piastres fortes pour Naples.

Les Algériens, à cause de la paix qu'ils ont avec un grand nombre de puissances européennes, font beaucoup moins d'esclaves qu'autrefois. Mais ils n'y perdent rien : ils ont augmenté le prix de la rançon. Un homme qu'on vendait autrefois pour 200, 250 sequins algériens, tous frais compris, vaut aujourd'hui 5 ou 600 sequins. Un capitaine, un pilote, un homme tant soit peu comme il faut, vaut le double.

La place d'Horan procure, une année dans l'autre, 100

---

(1) Il est dit ailleurs (f. 102) : « L'an 1787 a été funeste pour Alger ; la peste y a fait un ravage affreux. Pendant quatre mois, tous les jours il mourait 200 et jusqu'à 240 musulmans, sans compter les chrétiens et les juifs. L'année 1788, la peste a repris, mais elle n'a pas été si cruelle. Il est mort dans ces deux années près de 700 esclaves chrétiens. La peste de 1787 doit avoir emporté le tiers des habitants. »

Et ailleurs : « La peste en 1787 et 1788 a enlevé à Alger plus de 600 chrétiens esclaves. Le rachat de l'Espagne et de Naples venait d'être achevé lorsqu'on a commencé à sentir ce fléau. Ce rachat fut de 700 personnes, qui coûtèrent un million de piastres fortes. Les esclaves les plus malheureux à Alger sont ceux qui travaillent à la charrette. Mais ce ne sont que ceux qui ont commis des fautes, et des fautes graves, qui sont condamnés à ces travaux. Les autres font le travail de la marine, sans chaîne. Pour les Maures, les Turcs n'ont point de galères ; leur punition est le bâton ou la mort. »

esclaves de toutes nations. Ce sont des soldats ou des gens condamnés à un exil perpétuel qui préfèrent l'esclavage au sort de vivre dans ce préside ; ils sautent les remparts et vont sur les terres du gouvernement du Ponant, où ils sont arrêtés. Ces esclaves, en général très mauvais sujets, ont beaucoup moins de prix que les gens de mer ; la différence est très grande sur le prix de la rançon. Le bey du Ponant, toutes les fois qu'il vient à Alger, ce qui lui arrive tous les trois ans, en porte 60 ou 80, dont il fait présent au beilik, et de plus il en porte une certaine quantité qu'il donne en présent aux grands de l'ogeac.

La place d'Horan, par cet arrangement, est plus utile aux Algériens qu'elle ne leur serait s'ils en étaient les maîtres. Cette place est d'une dépense excessive pour l'Espagne, qui, malgré la paix qu'elle a faite avec Alger, est toujours en guerre du côté de la terre. Les Maures de temps à autre se rassemblent, et après en avoir obtenu la permission du bey de Mascara, vont faire des bravades sous le canon de la place. On tire sur eux à mitraille et il en reste beaucoup à la bataille, qui meurent *schéhid*. Depuis que les Espagnols ont repris cette place, le bey du Ponant a bâti, à 8 ou 10 lieues de là, une ville qu'on nomme Maâskera ; elle s'agrandit tous les jours. Le port de cette ville est Arzeu, dite Marset el-Kebir, à 5 lieues de distance d'Horan du côté de l'est. Les Espagnols n'ont aucun moyen de faire un commerce interlope avec les Arabes ; ils ont auprès de la place quelques jardins où ils cultivent un peu d'herbages ; la nuit les Maures vont les voler. Ce qui est dans les fossés est ce qui est le plus en sûreté. Il y a dans la place d'Horan une [blanc] de Maures qu'on nomme *mauratas*. Ceux-ci sont la cavalerie d'Horan ; ils font de temps en temps des sorties pour aller piller des troupeaux ; ceux qui sont pris sont pendus. Il suffit même qu'un Maure ait resté à Horan pour perdre la vie, dans le cas qu'il retourne sur les terres d'Alger.

Les esclaves qui servent dans la maison du dey et des autres personnages de poids ne sont point à plaindre : ils sont bien nourris, somptueusement vêtus, et tout leur travail consiste à avoir soin de la cuisine, de la maison et de l'appartement. Ils ont part aux *avaid*, qui sont très fréquents dans l'année, à l'arrivée d'un bey, d'un calife, d'un consul, d'un négociant qui vient traiter quelque affaire, etc. Dans la maison du cogea des chevaux, l'*avaid* qui fut partagé parmi les esclaves, à l'arrivée du bey de Mascara, en octobre 1788, fut de 14 sequins algériens par tête, et cela indépendamment des étrennes faites à celui qui présente le café et au *mouchache* de la *golfe*, c'est-à-dire au valet de chambre. Le dey, le khrasnagi, l'aga, le cogea des chevaux ont dans leur maison 20 à 30 esclaves. Ceux qui ont le soin de tenir la maison propre s'appellent capitans *prove*. Tous les officiers de l'ogeac ont aussi des esclaves en proportion de l'état de leur maison.

Il n'est plus nécessaire de dire que dans la maison des grands on choisit ce qu'il y a de mieux parmi les esclaves pour la figure. Les jeunes gens qui sont jolis garçons sont sûrs de la faveur de leur maître, et ils ramassent en peu de temps de quoi fournir à leur rachat. La politique qui oblige un Turc qui a de l'ambition de ne point se marier ni de courir les femmes, amène nécessairement le goût du garçon. C'est un vice à la mode dans Alger, et il y a bien peu de jeunes enfants, maures et juifs, qui ne se prêtent à cette infamie.

Un esclave qui, avec de la conduite, serait tavernier, écrivain de la marine et des bagnes, ou bien dans la maison des grands et des particuliers riches, gagnerait en peu d'années le prix de sa rançon; mais la plus grande partie dissipent tout au jeu, à la bonne chère, à la débauche, et il y en a bien peu qui songent à se procurer leur liberté par une sage économie. Les seuls esclaves qui soient à plaindre sont ceux qui sont obligés de travailler aux travaux publics. Il faut cependant excepter les esclaves *caravanas*, ou conducteurs et directeurs de l'ouvrage, les charpentiers, les calfats, voiliers. Quant à ceux qui servent chez le dey, chez les premiers officiers de l'ogeac, chez les autres Turcs ou particuliers, chez les juifs, chez les consuls, dans l'hôpital, chez les Pères de la Mission, ceux-là ne sont malheureux que par l'idée de la privation de leur liberté, mais dans le fait ils sont bien vêtus, bien nourris, n'ayant qu'un service très doux et les moyens de gagner de l'argent pour passer leur fantaisie, et même pour ramasser en quelques années le prix de leur rançon.

Le grand écrivain des esclaves a une place très honnête et qu'on serait heureux de garder toute sa vie si on pouvait oublier qu'on est esclave. Celui qui l'occupe aujourd'hui, 1788, a eu sa place à cause de son mérite. Il faut savoir lire et écrire pour tenir les registres des esclaves et des lieux où ils sont placés. Mais cette place s'achète ordinairement. Il faut donner au beilik mille sequins algériens, mais voici quels sont ses droits : il a une taverne franche qu'il fait travailler, et il a le droit d'être racheté; lorsqu'il vient une rédemption, de quelque pays qu'elle soit, il est toujours racheté le premier. Sa rançon est aussi fixée à 1000 sequins algériens. Ce grand écrivain, indépendamment du profit de sa taverne, a des droits sur la rançon des esclaves, des *avaids* des beys et des caids. Les grands écrivains des trois bagnes ont aussi un sort honnête. Ils portent un petit anneau au pied. Les esclaves n'ont de chaînes que lorsqu'ils ont fait quelque sottise ou qu'il y a une frégate française à la rade.

Les esclaves du dey sont habillés tous les ans et ils ont des *avaids*. Le *capodi golphe*, le *cavagi*, le premier cuisinier ont des profits qui les mettraient à même de gagner le rachat s'ils étaient plus économes; mais ils emploient leur argent à se faire des habits somptueux et en broderie qui leur coûtent 40 et 50 sequins, en ceintures qui leur en coûtent 10 ou 12. Le *capodi golfe* du dey est chargé de porter le caftan aux beys qui arrivent; il a 100 sequins algériens ou mahboub pour cela. Le cavagi, qui présente le café, reçoit aussi pour lui en particulier une vingtaine de sequins toutes les fois que les beys prennent le café; outre cela ces deux esclaves ont part aux *avaïds* des esclaves et cela vaut à chacun 20 à 25 sequins.

Personne ni Turc ni chrétien ni Maure ne peut sortir du royaume d'Alger sans permission.

Après la dernière paix de l'Espagne, il vint à Alger des Pères de la Merci pour traiter du rachat des Espagnols esclaves, et ils proposaient de donner en échange des Turcs et des Maures esclaves en Espagne. Le dey ne voulut rien entendre là-dessus : il vendit les Espagnols et il a laissé en Espagne les Maures et les Turcs, que sultan Mohammed, le sultan du Maroc, a rachetés ou dont le roi d'Espagne lui a fait présent. Le beilik, selon ses principes, ne doit racheter personne. Les moines de la Merci ont proposé souvent trois Maures pour un esclave d'Horan dont on fait peu de cas ici, attendu qu'ils sont tous de mauvais sujets, parlant en général, et ils n'ont jamais pu réussir. Ils auraient offert dix Maures pour un esclave d'Horan que la chose n'aurait pu avoir lieu.

La seule nourriture que l'on donne aux esclaves des bagnes est quatre pains de munition par jour pesant au moins deux livres et quart; c'est le même pain que l'on donne aux joldachs à bien peu de chose près. On ne leur donne jamais ni soupe ni pitance d'aucune sorte.

Lorsqu'un chrétien fait esclave arrive à Alger, on lui donne une chemise grossière, un corset de drap grossier, une culotte et un petit caftan de la même étoffe, qui lui descend jusqu'aux genoux, un bonnet rouge, une paire de souliers et une petite couverture de laine, qu'il doit conserver toujours. Quant à ses vêtements, on les lui renouvelle tous les ans.

Joldachs

Le joldach algérien qui arrive à Alger (c'est ordinairement à Smyrne et en Caramanie vis-à-vis d'Usuntach que se font les recrues) n'est guère mieux traité pour les vêtements ; on lui donne une chemise de toile grossière, un corset, un *meiban*, foute verte, et une culotte de toile de coton, un capot de gros drap, un *chechiet* ou bonnet façon d'Alger, un châle rouge de berbère (?) pour ceinture, une paire de souliers et une couverture de laine très courte et très étroite. C'est là tout le trousseau qu'il reçoit du beilik et pour toujours. Il est logé dans une des casernes qu'on nomme *cacheriés*, où il trouve une natte qui lui sert de lit ; ces *cacheriés* sont au nombre de douze (1). Le beilik ne lui donne point des armes, et il n'en est pas muni ; on lui prête un fusil, un jataghan, une paire de pistolets dont on retient le prix sur sa paye s'il ne les rend pas. Lorsqu'il est destiné pour les camps ou pour les garnisons éloignées d'Alger, on lui donne une paire de semelles pour raccommoder ses souliers, qu'il doit acheter de ses deniers. Il est aussi obligé de se fournir la poudre et on lui donne seulement une livre de plomb en masse, dont il doit faire ses balles.

Lorsqu'on fait des recrues en Turquie, on ne leur donne point d'engagement ; seulement, une fois que la tente est dressée, ils peuvent venir manger soir et matin jusqu'au moment de l'embarquement. Cependant quelquefois l'officier enrôleur leur distribue de temps en temps quelques piastres pour entretenir leur bonne volonté, et il leur fait une peinture magnifique du sort qui les attend à Alger, des profits immenses que lui donnera la course contre les chrétiens, des prérogatives

(1) Voir p. 83.

et des richesses attachées aux charges éminentes où son service le conduira à son tour.

Le joldach enrôlé est défrayé et nourri jusqu'à Alger. S'il arrive au moment où la paye s'ouvre, il la reçoit, et sinon il attend patiemment que les deux mois s'écoulent. On inscrit sur le grand registre tenu par le premier Cogea la date de son arrivée, son nom, son pays, la couleur de son port, sa stature, la caserne qu'on lui assigne, l'odabachi sous lequel il doit servir, la compagnie dans laquelle il est incorporé parmi les 420 ortas dont est composé l'ogeac, et on ajoute à mesure des notes sur son service et l'accroissement de solde qu'il mérite.

Paye.—La paye commence par 14 mezounes, qui valent 40 sols environ; elle augmente tous les ans, lorsqu'il n'y a point de circonstance extraordinaire, d'un seul *ésamé* (1) et par suite à la fête pascale qui suit le ramadan, comme des guerres contre les Cabailis ou les puissances voisines, des bombardements faits par les puissances européennes, la mort d'un dey, l'avénement d'un nouveau grand Seigneur au trône, l'envoi d'un capigi bachi de la part de la Porte Ottomane avec un caftan, etc. Dans des cas pareils la paye des joldachs augmente au moins d'un ésamé, outre l'ésamé de droit. Après la descente des Espagnols la paye du soldat fut tout à coup accrue de 7 ésamés ! jusqu'à la concurrence de la paye serrée pour ceux qui n'en avaient pas besoin du tout, car le beilik ne donne rien au-delà de la paye serrée (2). 80 ésamés forment la haute paye ou, comme on dit, la solde fermée, car le beilik ne donne rien au-delà à aucun de ses officiers, pas même au chef suprême de l'ogeac. Le joldach reçoit alors tous les deux mois 8 piastres 1/3,

---

(1) On lit ailleurs (f° 80) : « L'ésamé est de 5 mouzounes; 80 ésamés font la paye fermée [ou, paye serrée], 160 ésamés font deux payes, 320 la paye entière ».

(2) Cf. infrà, p. 62 et 88.

valeur 25 pataques, c'est-à-dire 28 livres tournois, et lorsqu'il est parvenu par ses services au grade de *buluk bachi* (colonel) il a 2 piastres de plus, ce qui lui fait en tout 30 livres tous les deux mois, 180 livres par an (1). Les premiers *eveniés* de grâce accordés à un joldach reviennent au *codgea defterdar* (2).

La seule perspective d'une augmentation de paye, quelque modique que soit cet intérêt, a occasionné le massacre de plus d'un dey. Baba Ali, placé sur un trône qui venait d'être ensanglanté trois fois dans la même matinée, s'occupa des moyens d'assurer sa vie : il défendit de laisser entrer dans le palais aucun Turc avec ses armes. Il dût à cette sage précaution de mourir dans son lit, après plus de dix ans de règne. Il était courageux et généreux, deux qualités nécessaires aux despotes asiatiques ; et il versait le sang aussi aisément qu'il répandait l'or et l'argent. Il allait une fois la semaine et au moins tous les quinze jours à son jardin où se tenaient ses femmes, et il n'avait pour toute escorte que le Mezouar et un palefrenier. Baba Mohammed, qui lui a succédé, a été assailli au commencement de son règne deux ou trois fois ; il a toujours eu le bonheur de

---

(1) On lit ailleurs (f° 157) : « Le soldat en arrivant à Alger reçoit 40 sols de paye tous les deux mois. Il est logé dans une caserne qu'on nomme *cachrié* et on lui donne quatre pains d'environ demi livre chacun. Au bout de trois payes, sa solde augmente du double ; chaque beiram et chaque camp qu'il fait, elle augmente de quelques aspres, et après avoir passé par tous les grades d'odabachi, de chaouch et de bulukbachi, il arrive à la paye fermée, qui est de 3 sequins algériens pour deux lunes.

Les enfants d'un dey, d'un khasnagi, d'un bey jouissent de la paye fermée en naissant, et ils ne sont point tenus de servir ; mais les enfants des autres grands ne jouissent d'aucun privilège. — (f° 139) : L'enfant d'un Turc, orphelin ou reçu à la paye du vivant de son père, fût-il le fils d'un dey et d'un bey, n'a pas plus de dix mouzounes chaque deux mois, ce qui fait environ 29 sols ». Cf. p. 66.

(2) On retrouve ailleurs : « Les *ésamés* d'augmentation sont pour le *cogea defterdar* à la première paye ; c'est sa rétribution. »

conjurer les orages sourds qui se formaient, et par sa sagesse, sa prévoyance, et le bon ordre auquel il a veillé constamment, il est parvenu à vivre tranquille et respecté. Jamais dey d'Alger n'a été plus doux et plus humain.

Le beilik fait cependant une douceur aux officiers attachés au gouvernement, aux gardiens du trésor de l'État et aux gardes de la porte du palais : il paye leur solde en piastres de Bône, au lieu de piastres courantes, ce qui leur fait un bénéfice de 20 sols par piastre.

Le joldach algérien a de la peine à s'entretenir dans les premières années, et cette considération fait que le gouvernement ferme les yeux sur les désordres et les vexations qu'il commet contre les gens de la campagne. A la grande paye qui s'ouvre au commencement du printemps, on le destine ou pour les camps ou pour la course. Ses parts de prise lorsqu'il est à la mer et ce qui peut lui revenir d'un butin fait sur les Arabes ou les Cabailis avec quelques étrennes que donne le bey dans la province duquel il sert, sont toute sa ressource.

La paye des troupes est évaluée à 150,000 sequins algériens, un million cinq cent mille livres, en supposant qu'il y ait 12,000 Turcs ou Couloglis enrôlés en les comptant à 2 sequins algériens par tête. L'entretien de la marine, la réparation des fortifications et quelques présents envoyés de temps à autre à Constantinople, exigent peut-être encore 500 mille livres de dépense annuelle. Les revenus fixes de l'État donnent des sommes infiniment plus fortes que les besoins, de sorte que le trésor s'accroît considérablement chaque jour, soit par la vente des esclaves, soit par la dépouille des grands, soit par le prix que les puissances européennes achètent la paix avec la Régence. De tous les deys qui ont régné à Alger, aucun certainement n'a été plus économe des deniers de l'État que Baba Mohammed ; il s'est toujours fait scrupule de faire la moindre faveur aux dépens du trésor. Le khrasné qui était vide, à ce que l'on prétend, lorsque Baba Ali son prédécesseur a pris les rênes du gouvernement, se trouve aujourd'hui en très bon état par les circonstances heureuses dont ces deux règnes ont été remplis. On doit compter parmi les premiers deniers de conséquence qui ont été versés l'argent comptant, les bijoux, les pierres et les armes précieuses qui furent enlevés au Bardo lors de la paix de Tunis en 1755, la seconde année du gouvernement de Baba Ali : cet objet est évalué à 4 ou 5 millions. Outre ces effets précieux, les Algériens amenèrent en esclavage environ 2,000 Tabarcains, qui venaient d'être enlevés de l'île où ils étaient établis vis-à-vis le cap Nègre par le même Ali Pacha qui succomba sous les coups d'Alger. Ceux qui avaient quelques ressources se rachetèrent, les autres restèrent esclaves juqu'en 1770, que les Espagnols vinrent traiter de leur rachat dans l'idée d'en faire une colonie sur l'Isola Piana. Les hommes, les femmes et les enfants appartenant au beilik furent cédés à 600 piastres courantes ; les Tabarcains qui appartenaient aux particuliers furent payés à raison de 3 à 400 piastres. Les Espagnols qui étaient esclaves furent échangés pour des Turcs ou des Maures, qui étaient sur les galères d'Espagne ; on donna un Turc et un Maure pour un chrétien. Il sortit d'Alger environ 2,000 personnes, et l'argent comptant qui entra dans le trésor monta à 600,000 piastres fortes. Un pareil rachat aujourd'hui coûterait près de deux millions de piastres indépendamment des échanges.

Il y a 40 ans seulement, lorsque le beilik faisait la paye, ses fonds ne lui suffisaient pas, et il était dans le cas de demander des avances aux négociants français sur les laines, les cuirs et les cires qu'ils devaient recevoir. Dans ce temps-là, les esclaves chrétiens ne valaient pas plus de 4 à 500 livres ; maintenant les cent livres se sont changées en mille : il faut 4 ou 5,000 livres pour racheter un simple matelot. Les beys alors, quand ils venaient à Alger, le plus grand présent en espèces qu'ils faisaient était de 3 à 4,000 sequins pour le dey et 1,000 pour le khrasnagi, et proportionnellement pour les autres. En 1788, le bey du Ponant à sa visite a donné au dey 20,000 sequins et 20,000 mesures d'orge, ce qui fait encore une affaire de 8 à 9,000 sequins, et il a donné dans cette même mesure aux autres grands, et cela indépendamment de quelques esclaves d'Horan, de quelques nègres ou négresses, de chevaux, de bernus, etc.

La paye des joldachs ne compte point par *ésamés* comme en Turquie, mais par *saimé* qui est de 4 mezounes. 80 saimés fait la paye serrée. Lorsqu'on ouvre la paye, ils se présentent par orta. Après les quatorze jours de divan ouvert pour la paye, divan où assiste l'aga des deux lunes, on continue à payer les traîneurs qui se présentent deux ou trois cents par jour les jours de paye ouverte.

Tout ce qui est attaché au service de la marine reçoit sa paye à la marine ; on envoie l'argent à l'amiral, qui le distribue. C'est Baba Ali qui a introduit cet usage, parce qu'il y a eu beaucoup de deys massacrés par les gens de la marine, qui étaient tous Arnaouds (1).

Le soldat algérien a son logement dans les casernes et 4 pains par jour, de 6 à 7 onces chacun ; il est fait avec de la farine de blé dans laquelle on mêle un tiers de farine d'orge. C'est là en quoi consiste toute la nourriture que lui passe le beilik lors qu'il est à Alger dans sa caserne. A la grande paye qui s'ouvre au commencement du printemps, on le destine ou à la course ou aux camps (2). On ne force cependant personne d'aller à la

---

(1) On lit ailleurs (f. 159) : « Les Arnaouds, depuis la conjuration contre le gouvernement et le massacre qu'ils firent de Baba Muhammed Torto et du khasnagi, ne peuvent posséder aucune charge, et on les relègue à la marine. C'est aussi depuis cette époque que tout ce qui est attaché à la marine ne vient plus prendre sa paye chez le dey. Le buluk-bachi de la marine est chargé de la distribuer aux reis, parmi lesquels se trouve beaucoup d'Arnaouds. »

(2) Cf. *infrà*, p. 66

mer, mais ce métier offre des espérances de fortune; les jeunes gens s'empressent de se faire inscrire dans la troupe destinée à servir sur les corsaires. Les parts de prise donnent aux joldachs les moyens d'acheter des hardes et de se monter en armes blanches et en armes à feu. Ils n'ont point d'augmentation de paye sur mer, et la nourriture qu'on leur donne consiste en biscuit, olives noires, huile, vinaigre et un peu de figues sèches. Dans les camps ou dans les garnisons, ils sont mieux nourris; on leur donne du riz, du *bourgoul* [blé mondé] et de la mantègue pour la soupe ou le pilau, et ils ont de la viande deux fois la semaine; on leur fournit aussi du savon pour laver leurs hardes, et leur part des avaids des pays où l'on va lever le tribut leur procure quelques ressources. A la fête pascale qui suit le ramadan soit sur mer soit sur terre, leur paye augmente du double, et au lieu de 14 mezounes ils en ont 28, qui font environ 4 livres, et ensuite tous les ans à la même époque la paye croît d'un esamé qui fait 5 mouzounes, indépendamment des circonstances extraordinaires et de l'arrivée d'un caftan de la Porte, ce qui a lieu tous les deux ou trois ans (1). Il a un an de service et un an de repos. Pendant son année de repos, il travaille à son métier s'il en a un; il fait un petit commerce dans une boutique, ou bien il fait le service d'un camp pour un autre joldach aisé qui ne veut point quitter ses affaires ou sa famille; ce travail se paye 5 ou 6 sequins algériens. Le Coulogli à son aise recherche d'être admis à la paye par honneur, mais n'ayant pas besoin de travailler, il s'occupe le plus qu'il peut de son service, s'arrangeant pour de l'argent avec un de ses camarades. Mais cela ne peut avoir lieu que pour les camps; quant aux garnisons, chacun est obligé de les faire, et l'échange est seulement permis.

Il y a aussi pour un joldach un autre moyen de

(1) Cf. p. 58 et 84.

s'exempter de tout service : c'est d'acheter un *sangiac*, c'est-à-dire un étendard (1) ; ce titre de sangiac se paye 100 pataques chiques ; il donne la paye serrée et rend un homme libre et en état de pouvoir disposer de son temps.

Après avoir fait ses trois camps de Constantine, de Mascara et de Titéri en qualité de simple soldat et eux une fois terminés, il est envoyé en garnison dans les diverses places du royaume, à Bône, au Collo, à Gigeri, à Biscara dans la province de Constantine, à Dellis, à Sebou et à Mehedié dans celle de Titeri, à Mostaganem, à Gendil, à Telmesen dans celle du Ponant, ou bien dans les châteaux qui sont dans la rade d'Alger ; personne n'est dispensé de faire son service. La seule grâce que l'on fait, c'est de permettre à un soldat qui par exemple sera destiné pour Mehedié, de changer cette garnison qui ne lui plaira pas pour celle de Bône ou de Mostaganem, avec quelqu'un de ses camarades ; mais pour les châteaux d'Alger et de la rade, il n'y a point de changement. Quant aux corps destinés à lever le tribut, on permet à un joldach de s'arranger avec un de ses camarades qui prendra sa place moyennant une somme convenue entre eux. Les camps sont de 4 mois pour Titéri et Mascara, et de 6 mois pour Constantine. Les garnisons sont d'un an révolu.

Saimé. — Il y a deux espèces de *saimé* : celle de la paye, qui est de 5 mouzounes, et celle des enchères et des contrats, comme aussi du Batistan, qui est de 50 aspres. Le cogea des prises a des comptes faits pour évaluer les saimés en monnaie courante. Les esclaves, les marchandises se vendent par saimé. Les esclaves sont d'abord mis aux enchères du Batistan et ensuite à l'hôtel du gouvernement, et le beilik s'en charge au prix du Batistan, qui ne passe jamais 3,000 saimés. Le capitaine

---

(1) Cf. *infrà*, p. 73.

est pris ordinairement pour la douane et le beilik prend un homme sur huit, en choisissant la personne la plus apparente.

Les dettes des contrats sont aussi spécifiées en *saïmés* de 50 aspres. Les juifs ne peuvent faire écrire dans leurs contrats de mariage, quelque riches qu'ils soient, plus de 2,000 livres de notre monnaie. Ils donnent des dots à leurs filles, mais au contraire les musulmans dotent les femmes qu'ils épousent; la plus grande dot qu'ils établissent ne passe pas mille écus.

Une piastre d'Espagne vaut 39 ou 40 mezounes; en la fondant on en fait 43 ou 44 mezounes, mais le dey a seul ce privilège; c'est un droit de beilik.

Grande paye

La grande paye s'ouvre à la nouvelle lune d'avril, et elle dure 40 jours consécutifs, pour laisser aux gens de paye répandus dans le royaume le temps de se rendre. Ce temps passé, il n'y a que les raisons les plus légitimes et de fortes protections qui puissent faire payer la paye due. En même temps que cette grande paye s'ouvre, on pose en grande cérémonie, à une demi-lieue de la ville au midi, une tente qu'on nomme *otac*. C'est le Khrasnagi qui va la poser avec les grands du gouvernement, avec la musique du dey. Cette tente est un lieu d'asile pour les malfaiteurs, on ne peut les y saisir et ils partent de là avec le camp et restent dans les camps des *sbandouts* (1) des beys jusqu'à ce que leurs mauvaises affaires soient pardonnées ou oubliées.

C'est pendant cette grande paye, à laquelle tout le monde est obligé de comparaître en personne, qu'on

(1) [Le turc *izbandîd*, pirate, bandit, encore employé à Constantine sous la forme *zbantoût* et avec le sens de célibataire].

assigne le service de chaque soldat, qui n'est point dans son an de congé : on le destine ou pour les camps, ou pour les garnisons ou pour la course. La garnison est d'obligation stricte et on ne peut se faire suppléer.

Tous les jours, non seulement dans cette occasion mais en tout temps, avant d'ouvrir le trésor du beilik, deux Maures viennent à la porte faire une prière qui dure quelques minutes.

Divan de la paye. — Le dey et, à sa droite, l'aga des deux lunes, le *kiaja* et les *buluk-bachi* assis selon leur ancienneté ; à sa gauche assis l'écrivain de la douane, quoique le dernier écrivain, à côté de lui, puis le troisième écrivain, ensuite le premier et puis le second vis-à-vis du dey. Le *bach chaouch* se tient debout à côté du second cogea, et tous les autres chaouchs ensuite. Lorsqu'il est fatigué, son kiaja prend sa place. Le khasnagi est assis sur la natte à une petite distance du dey et lui tourne le dos ; il a devant lui deux compteurs d'argent maures. Le joldach vient auprès du bach chaouch auquel il dit son nom et sa compagnie, le bach chaouch le dit à l'écrivain, qui crie « tant d'ésamés ». Le joldach qui a son mouchoir à la main le donne à un *vekil khradg*, qui l'étend par terre auprès des compteurs. L'argent mis dans le mouchoir, le vekil khradg le prend et le remet au joldach en le prenant par l'épaule et le poussant assez fort vers le chemin de la porte. Il y a deux vekil khradg qui font cette cérémonie. Les grands, les raïs de la marine ne sont point obligés de se présenter au divan pour recevoir leur paye : un chaouch la porte au vekil khradg de la marine qui la leur donne (1). Un soldat qui est dehors pour ses affaires peut faire retirer trois payes par un procureur, mais il est obligé de se présenter pour retirer la quatrième. S'il va faire un voyage, s'il est tombé en esclavage, on ne lui donne

(1) Voir p. 62.

à son retour qu'un an de paye seulement. Les soldats mariés dans le royaume d'Alger et qui n'ont point de garnison ou de camp, vendent leur paye à des juifs, mais comme ils ne peuvent se présenter, ils font paraître un chaouch qui la reçoit et auquel ils donnent une piastre pour sa peine. Mais, comme nous l'avons dit ci-dessus, la quatrième paye il faut venir la recevoir, parce que les soldats ne sont employés que 4 ou 6 mois pour les camps et un an pour la garnison. La paye des soldats même de garnison ne peut être payée que dans la maison du dey (1).

Garnisons et camps. — Lorsque le joldach est au camp, on lui fournit le couvert (il porte seulement son lit et ses armes), du pain, de la viande deux fois par semaine, du *bourgoul*, du riz, de la mantègue et du savon. Chaque tente a son vekil khradg, un soldat qui a le titre de cuisinier et qui fait la cuisine. Lorsqu'un soldat est fait vekil khradg d'une tente, il est obligé d'acheter les ustensiles de cuisine de sa bourse, et il les cède l'année d'après ; il a des droits qui l'indemnisent de cette avance.

Les meilleures de toutes les garnisons, qu'on nomme en turc *neubet*, sont celle de la Cassabé, une des forteresses d'Alger, et celle de la garde du palais ; les Coulo-glis ne peuvent y être admis. Les *neubetgis* de la Cassabé sont au nombre de 48, formant trois *sofras* de 16 personnes ; à tour de rôle chaque *sofra* est tenue de venir garder le trésor depuis la pointe du jour jusqu'à une heure et demie, quand le khrasné se ferme. Le mardi et le vendredi ils sont dispensés de ce service. Leur poste est dans l'intérieur de la cour du palais, près de la porte du khrasné, où sont des bancs couverts de nattes sur lesquels ils s'assoient. On leur donne à dîner de la cuisine du beilik et trois fois du café. Ils ont à

---

(1) Cf. *infrà* p. 71.

certaines époques des avaids qui rendent à chacun 300 ou 400 livres au bout de l'an. Cette garnison de confiance est toujours choisie parmi le nombre de tous ceux qui doivent être employés dans le courant de l'année au service des camps ou à la garde des châteaux : le dey lui-même les désigne (1).

On apporte encore plus de soin dans le choix des neubetgis de la garde du palais. Ceux-ci sont au nombre de 32 ; ils composent deux *sofras*. Ils ont seuls part, et non les neubetgis du khasné, aux avaids des caftans. Cette place leur vaut [illisible] cent livres l'année outre la paye. Leur poste est sur le banc de pierre qui est adossé à la façade du palais ; ils doivent y rester depuis la pointe du jour jusqu'au moment que la grande porte se ferme. C'est après que la musique de l'*assere* a joué ; ils entrent alors dans le palais, où ils passent la nuit. Ces neubetgis sont commandés par un bulukbachi, un odabachi tant que la porte est ouverte, et, lorsqu'elle est fermée, par le cogea de la porte, qui est le gardien des clefs et qui ne quitte jamais le palais ni jour ni nuit.

Le buluk bachi et l'oda bachi se retirent lorsque la porte se ferme. Ces neubetgis sont faits pour veiller au bon ordre du palais et à la sûreté du dey : les jours de paye et en tout temps ils fouillent les joldachs qui se présentent pour parler au dey et ils s'assurent que personne n'a sur soi des armes cachées. Celui qui veut entrer remet son yatagan entre les mains du cogea s'il en a un. Leurs avaids dans cette année de service leur valent à chacun 7 à 800 livres (2).

(1) On retrouve ailleurs : « Les neubetgis du trésor et ceux du palais sont ordinairement choisis par le dey sur le nombre de tous ceux qui sont destinés ou aux camps ou aux garnisons. On tâche de ne prendre que des gens de bonne réputation. A tour de rôle le cogea de la porte permet à quelqu'un des gardes du palais d'aller coucher dans sa maison s'il est marié ». (Voir aussi p. 81.)

(2) On lit ailleurs (f° 96) : « Les neubetgis, quelque temps qu'il

Les trois camps et les garnisons partent en avril, après que la grande paye est finie. L'époque des préparatifs du départ est annoncée par le pavillon que le khrasnagi va dresser près de la rivière de l'Arach, fameuse par la déroute des Espagnols ; on nomme ce pavillon *otak-cherifi* (1). Le camp de Constantine est composé de 60 tentes ; chaque tente est d'un *sofra* composé de 16 hommes y compris le vekil khradg et l'*aschi ;* il part avec le calife et retourne avec lui au bout de six mois. La route de Constantine étant peu sûre à cause des défilés au travers desquels il faut passer, le camp tout seul ne serait point assez fort pour en imposer aux Cabaïlis rebelles qui occupent les montagnes.

Celui du Ponant est composé de 80 tentes ; il revient quatre mois et demi après.

Celui de Titéri est composé de 20 tentes et il revient à Alger quatre mois après son départ.

Au reste, ces camps sont inutiles pour la levée du tribut, mais comme ils procurent des bénéfices aux officiers qui les commandent, le dey ne serait point le maître de les supprimer (2).

---

fasse, sont obligés de rester sur leur banc devant la porte de l'hôtel du gouvernement, et ils couchent sous un auvent de la grande cour, garantie sur eux par une simple toile qu'ils baissent pendant la nuit. Le divan s'assemble tous les jours dans une cour où le soleil et le vent pénètrent de tous côtés. La discipline est des plus exactes et personne ne manque à son devoir ». Voir aussi p. 58 et 81.

(1) Voir ci-dessus, p. 65.

(2) On lit ailleurs (f. 137) : « Les trois camps partent en avril. Celui du Levant est composé de 60 tentes de 14 hommes chaque ; il part avec le calife et retourne avec lui. Il est six mois dehors. Les chemins de Constantine étant peu sûrs ; il y aurait des risques pour lui s'il n'était pas escorté par les troupes du bey que conduit le calife. Celui du Ponant est composé de 80 tentes de 15 hommes chacune ; il part en avril et revient quatre mois et demi après. Celui de Titéri est composé de 20 tentes ; il revient quatre mois après son départ ». — (F. 168) : « Le neubet commence dans le mois de mars pour un an juste.

Le soldat qui est au camp ne retire sa paye qu'à son retour ; celui qui est en garnison ne retire sa paye qu'à son retour. Mais les soldats qui ne sont point de service pendant l'année et qui sont dehors s'arrangent avec les juifs pour retirer leur paye ; les juifs leur en font l'avance moyennant un gros profit, et ils s'arrangent ensuite avec quelque chaouch pour retirer les payes lorsque le khrasné s'ouvre pour cet objet ; le chaouch prend une piastre par paye. Mais à la dernière paye les mêmes soldats sont obligés de se présenter pour la recevoir en personne, autrement ils sont effacés du rôle (1).

Le camp de Constantine est commandé par un *yaya bachi* qu'on nomme aga, et il a sous ses ordres un *buluk bachi*, qui a le rang de lieutenant-colonel, d'un *oda bachi* qui fait les fonctions de major, d'un *cogea* servant de secrétaire de commandement, de deux chaouch à robe verte faisant l'office de grands prévôts pour tous les gens de paye qui ne peuvent être arrêtés que par eux, d'un *saca bachi* qui a le soin de l'eau nécessaire au camp, d'un *aschi bachi* qui préside à la cuisine des premiers officiers, un *vekil khradg* ou commissaire aux vivres. Tous ceux que je viens de nommer composent le divan du camp ; ils ont des droits chacun selon son grade sur les pays où ils lèvent des impositions et des présents de la part du bey dans la province duquel ils servent (2).

Si, après le départ des camps et des garnisons, le dey

» L'expédition contre Tunis a eu lieu au printemps de la première année que Baba Ali a été fait dey. Il expédia 200 tentes et fit général de l'armée le bey de Constantine, qui joignit ses troupes à celles de l'ogeac. La tente est composée de 14 joldachs y compris le *saka*, le cuisinier et le vekil khradg ; on leur donna à chacun 10 sequins algériens au retour de cette expédition, indépendamment du pillage qu'ils avaient fait de la ville. » Cf. aussi p. 67.

(1) Cf. *suprà*, p. 66.

(2) Cf. *infrà*, p. 90.

était dans la nécessité d'envoyer des troupes quelque part, il serait obligé de s'arranger avec les joldachs restés en congé et de stipuler avec eux une augmentation de paye ou d'offrir une somme déterminée pour l'expédition.

Aga. — Il était autrefois d'usage que l'aga, lors de la sortie des camps en avril, allait faire sa tournée dans la généralité d'Alger. Depuis longtemps la tranquillité qui règne dans le pays a rendu cette tournée inutile, mais les présents qu'il recevait de divers districts sous le nom de *dhaïfé*, c'est-à-dire de traitement, sont restés, de sorte qu'il reçoit annuellement 100 sequins de Belidé, 50 ou 60 de Meliana, autant de Mehedié. Dans ces endroits-là, qui sont commandés par des *hakims*, les habitants se cotisent pour cela ; dans les districts gouvernés par des caïds, ce sont les caïds eux-mêmes qui font le présent de leur bourse, à raison de l'importance de son gouvernement. Toutes les affaires de leur gouvernement ressortissent à l'aga en droiture, et celui-ci, après en avoir conféré avec le dey, leur fait passer les ordres.

Si un bey retient le camp au delà du temps fixé, il est obligé de payer la complaisance de la troupe. Mais lorsque le camp s'ouvre, personne, comme nous l'avons déjà dit, ne peut se dispenser de marcher à son tour, à moins qu'il ne mette un de ses camarades en congé à sa place. Si un joldach s'absentait sans une permission expresse du dey, lorsque son service l'appelle, il serait cassé et rayé de la paye. L'ordre établi pour le service est un an de travail et un an de repos ; les joldachs en congé se nomment *hazourgi* ; ils remplacent pour de l'argent ceux qui ont des métiers et qui ne veulent point faire les camps. Un soldat absent par permission peut donner procuration pour retirer la paye de six mois ; mais la sixième paye, qui est celle de mars, il doit lui-même venir en personne pour la prendre, et s'il y manque, elle est perdue pour lui, à moins que de bonnes attestations ne prouvassent qu'il a été retenu par une maladie grave.

On ne permet point à un joldach de quitter le royaume pour faire le commerce; quelquefois, mais bien rarement, on lui donne un congé pour aller revoir sa famille. La seule chose que le dey ne peut refuser est la permission d'aller à la Mecque accomplir le pèlerinage ordonné par la loi. Mais comme ce voyage est dispendieux, il n'y a qu'un vieux soldat qui a déjà ramassé quelque chose qui puisse l'entreprendre.

Les camps de Titeri et de Mascara ont les mêmes officiers supérieurs, excepté un chiaoux. Chaque tente, composée de 16 hommes en tout, a un vekil khradg particulier qui est le joldach le plus ancien de la tente, un saca qui est aussi un des anciens joldachs, et un aschi ou cuisinier qui leur apprête à manger et qui est d'une classe particulière, ayant cependant le [illisible] à la même paye. Le vekil khradg a une mule du beilik pour porter la tente et aller chercher les provisions; l'aschi en a aussi une pour porter les ustensiles et le saca pour l'eau; les autres vont à pied. Le camp, dans le district d'Alger, prend ses provisions aux *haouchs* du beilik et à Belidé; hors du district, c'est le bey qui les fournit (1). Il passe en outre quelque chose à chaque joldach pour sa barbe et pour son blanchissage. Le camp a un *saca-bachi*, c'est le dey qui le nomme; il gagne deux ou trois mille livres à chaque voyage. Il n'y a point de vekil khradg général du camp. Les officiers supérieurs, dont nous avons parlé plus haut, sont tous à cheval. Il est d'usage que pendant la route le chaouch porte toujours un sac de tabac à fumer au service de tout joldach qui veut venir remplir sa pipe.

Les officiers supérieurs d'une garnison sont l'aga, tiré du corps des buluk bachi, un odabachi, un sacabachi, un

---

(1) Comparez p. 79.

aschi bachi, un vekil khradg et un chaouch. Mais ce chaouch n'est pas du nombre des chaouchs à robe verte dont nous avons parlé plus haut et choisis parmi les simples joldachs par le dey lui-même sans avoir égard à l'ancienneté : une belle figure, un corps fort et robuste, une conduite honnête sont les seules qualités qui les font préférer. Ils sont dix ans en place, et rien ne les empêche ensuite de parvenir aux premières dignités de l'ogeac; on en a vu même qui ont été deys. Les autres chaouchs au contraire arrivent au chaouchlik à leur tour de service. C'est le dernier venu de l'orta qui est fait chaouch. A Bône et à Telmesen, ce sont des meilleures places de la garnison par les droits qui y sont attachés. A Bône ils ont droit d'ancrage de deux piastres sur tous les bâtiments qui y abordent; à Telmesen c'est sur les extractions qui se font par terre pour Maroc. Les joldachs dans les garnisons font tous un peu de commerce. Les joldachs finissent leur carrière de soldats par la patrouille qui se fait la nuit à Alger pour arrêter les Turcs, de là ils sont faits *solacs*. Il y en a quatre portant l'*askaf* et le *dofama* [illisible] yaya bachi, kiaya de l'ogeac [*sic*]. Ils sont faits odabachi, puis bulukbachi, puis yaya bachi, puis kiaya des janissaires et enfin aga.

Le kiaya remplace l'aga. Le kiaya a sa boutique où il demeure tant que le divan a lieu avec les yaya bachi. Il fait l'office de lieutenant de police pour les Maures de la ville; il reste à une boutique qui est près du palais du dey; il a un drogman et il écoute les plaintes des gens.

Le *sangiacdar* ou porte-étendard est une dignité qui s'achète moyennant mille pataques chiques (1). Le joldach qui fait un bon mariage ou qui a un commerce lucratif achète une place de sangiacdar pour être hors de service et jouir de sa paye serrée. Chaque calife qui arrive lui doit donner deux chevaux; le sipahi qui a besoin d'un

(1) Cf. p. 64.

cheval doit le lui acheter à 100 piastres. Il retire la paye des sipahis à l'armée qui sont auprès des beys, et chaque paye lui vaut une piastre.

Agha des janissaires. — La dignité d'aga ne dure que deux seules lunes; c'est la seconde place du gouvernement pour l'honorifique, mais elle est dépourvue de toute autorité depuis que le dey a été pourvu de la dignité de pacha. C'est une place d'honneur et de représentation après laquelle on devient *mazoul aga* et on jouit de sa paye en repos. En qualité de mazoul aga, c'est-à-dire aga vétéran des janissaires, il assiste aux grands divans, et c'est là tout le service auquel il est tenu. Mais ces grands divans ne se tiennent plus comme autrefois, le dey termine toutes les affaires sans consulter le divan. La maison qui est affectée à l'aga des deux lunes se nomme *dar el-charcegi.* C'est dans cette maison qu'on inflige à huis clos les châtiments qu'ont mérités les gens de paye : ils y reçoivent la bastonnade ou ils y sont étranglés sur les seuls ordres du dey. Lorsqu'il est question de la bastonnade, deux chaouchs à robe verte s'assoyent l'un sur le cou et l'autre sur les jambes du patient, et les buluk bachis lui frappent sur les fesses, en se relevant les uns après les autres, le nombre de coups qui a été ordonné. Cela se fait en présence de l'aga. Quand le coupable est condamné à la mort, les esclaves chrétiens lui passent le cordon au col. Les Turcs répugnent à étrangler ou à pendre, et ils se servent pour cela des chrétiens ou des juifs.

L'aga des janissaires a sa table aux frais du beilik, plus des esclaves chrétiens pour le servir et 2.000 pataques chiques d'appointements (1). Les officiers de

---

(1) Ailleurs, on lit (f. 138) : « L'aga doit toujours coucher dans la maison qui lui est assignée; il ne se mêle de rien. — On donne à l'aga la table et deux esclaves pour le servir et 2000 P. — L'aga des janissaires n'a que 50 pataques chiques par semaine, ce qui ne fait que 400 livres environ pour le temps de son exercice, et la table. »

l'ogeac et les chiaoux à robe verte, excepté les *caracoulloucgis*, vont manger le soir avec lui. Il ne vient jamais au gouvernement qu'aux deux fêtes du baïram et les jours de paye, qui durent 14 jours en y comprenant les mardis et les vendredis, où le khrasné est toujours fermé. Il vient au divan à cheval précédé de son chaouch particulier, distingué par une robe violette, et des chiaoux du dey à robe verte; tous les premiers officiers de l'ogeac l'accompagnent soit en allant, soit en retournant chez lui. Sa place dans le divan est à côté du dey et à sa gauche; le kiaya de l'ogeac, qui doit le remplacer, vient ensuite, et puis les yaya bachis et les bulukbachis à la file. A la droite du dey sont les quatre grands écrivains, et le khrasnegi est assis au pied du dey, auquel il tourne le dos pour veiller à la paye (1).

Aux deux fêtes du Baïram, en sortant de la mosquée, il y a un repas de cérémonie donné par le beilik et tout le monde y est admis à son tour, même les Maures. L'aga des deux lunes est servi avec le dey, les deux muftis et les deux cadis.

L'ogeac est composé de 420 *ortas* ou régiments, et chaque orta est subdivisé en *sofras* ou tables de seize personnes en comptant le vekil khradg et l'aschi. Il n'y a rien de réglé pour le nombre de soldats qui doivent composer l'orta : il y en a de deux sofras, de trois, de quatre et de beaucoup plus (2). Les 420 ortas, tous Turcs ou Couloglis, composent l'infanterie d'Alger. La cavalerie est composée de soldats de paye et de Maures.

Sipahis. — Les joldachs sipahis ne servent point à Alger; ils sont auprès des beys, qui en ont chacun une troupe, et c'est par grâce spéciale qu'on leur permet de quitter le service de l'infanterie pour devenir cavaliers. Ils ont pour commandant général le bach-agha des sipahis, qui reste toujours à Alger et dont l'office consiste

---

(1) Voir p. 66.

(2) Sur les sofras, voir aussi p. 69.

à aller au devant des califes, la veille de leur arrivée, pour accompagner le tribut. Cet aga, toujours Turc de naissance, qui est sans doute l'officier qui du temps des pachas commandait à toute la cavalerie, a trois chaouchs qui remplacent les chaouchs du divan à robe verte à mesure qu'ils ont terminé leurs dix ans de service. Chaque joldach qui veut être inscrit sipahi d'un bey est tenu à faire un présent de quelques sequins au bach-aga. C'est une place de considération et d'un grand revenu ; le dey y nomme à son gré sans avoir égard au service ou à l'ancienneté. Il a deux chaouchs qui parviennent chaouchs à robe verte.

Pour être agrégés dans le corps de sipahis de l'aga, ils lui font un présent. Ils s'entretiennent, eux et leurs chevaux, de leurs propres deniers, et ces places sont cependant très recherchées par les personnes qui ont des biens. Ces biens deviennent francs. Ils jouissent d'une protection puissante; ils ont des avaids; on les envoie en commission dans le district de l'aga et ils ont des aubaines dans les pillages.

Outre ce corps de sipahis Turcs et Couloglis au service des beys, il y en a un autre à Alger composé en grande partie de Maures et commandé par le *mehellé agasi* qu'on nomme simplement l'aga. Celui-ci est le généralissime des troupes, et il conduit le camp lorsqu'il est question d'une expédition extraordinaire, et les beys viennent servir sous ses ordres. Il commande toute la campagne du district d'Alger, et lorsqu'il est sorti des portes de la ville, il est aussi despote que le dey, mais son pouvoir ne s'étend que sur les Maures, et si un Turc ou Coulogli de paye se mettait dans le cas d'être puni l'aga serait obligé de l'envoyer devant le dey, qui prononcerait sa sentence.

Ce corps de sipahis maures, dont l'aga est le colonel, est composé de six à sept [?] personnes. Le beilik ne leur passe point de paye ; ils sont obligés de s'entretenir de leurs propres deniers et d'acheter et de nourrir leurs chevaux. Ils ont seulement des avaids, des commissions et des aubaines qui leur tiennent lieu de paye.

Cuisiniers. — Les *aschi* ou les cuisiniers forment un corps particulier attaché à la milice ; ils sont tous Turcs ou Couloglis. Ils font le service des camps et des garnisons, ainsi que les joldachs. Ils commencent par être les aschis particuliers d'une tente, ensuite d'une garnison, ensuite *aschi bachi* d'un camp ou d'une garnison, et lorsque leur tour vient enfin, ils sont faits *bach-aschi-bachi* à Alger ; ils sont un an entier en fonctions et ils sont, cette année révolue, dispensés de tout service jusqu'à la fin de leurs jours. Lorqu'ils ont eu de la conduite et de l'économie, ils jouissent d'une fortune de 20 à 30 mille livres qui, avec leur paye serrée, leur donne les moyens de vivre dans l'aisance. Les Couloglis ne parviennent jamais à être bach aschi ; leur service est fini lorsqu'ils sont arrivés jusque-là.

Le bach-aschi-bachi est remplacé par le plus ancien des huit qui sont dans la même boutique. Un d'eux est chargé de veiller à ce qu'il ne se fasse point de contrebande pour le vin, l'eau-de-vie, les liqueurs, les figues qui entrent en ville pour faire du *boukha*. La charge de chameau de figues leur doit 18 sols, celle de mule 9 sols.

Parmi les droits attribués au bach aschi bachi et à son corps est celui de 5 ou 6 piastres par tonneau sur tous les chargements de vin et d'eau-de-vie qui viennent à Alger soit par voie de prise soit par spéculation de commerce. Les taverniers lui doivent aussi le même droit sur tout le vin qui se vend à Alger. Il revient de cette somme quelque chose au beilik, et le reste se partage entre le basch aschi bachi et les huit premiers de ce corps. L'aschi bachi en entrant en charge doit un repas à son corps, repas qu'on nomme thahanié [*tahniya*?]. Les consuls à leur arrivée ou à leurs présents consulaires lui doivent 4 pièces de drap. Il a part aux avaids des beys et des caïds.

Chaque grand officier à Alger a une boutique qui lui

est affectée et où il se tient depuis la pointe du jour jusqu'à l'*assere*. Il y en a une aussi pour le basch aschi bachi. Il est chargé de distribuer au bey, aux grands et aux casernes le pain du beilik. Il est secondé dans cette fonction par un cogea qui tient le registre des fonds du beilik et des gens de paye auxquels le pain est dû. Chaque matin il porte lui-même au dey les quatre pains qui lui reviennent et lui baise la main. Le pain du beilik n'est dû qu'aux joldachs qui ne sont point mariés ; une fois qu'ils sont mariés on le leur retranche.

Dans le nombre de ces aschis on ne doit point comprendre les deux aschi bachis qui sont dans la maison du gouvernement. Quant à ces derniers, c'est le dey qui les choisit à son gré parmi les joldachs Turcs de naissance, et ce n'est point l'ancienneté qui les mène à cette place. Leur fonction est de présider à la cuisine du dey, qui est la même pour tous ceux auxquels le beilik doit la nourriture. Tous les premiers officiers du gouvernement et du divan ont droit de commensalité pour le dîner seulement ; on leur doit aussi le café trois fois par jour, le matin, après dîner et à l'*assere*, temps où la porte du palais se ferme. Ces grands officiers sont le khrasnagi, l'aga, le cogea des chevaux, le vekil khradg de la marine, les quatre grands écrivains, l'aga des sipahis, le bach chaouch à robe verte, le cogea de la porte, les neubetgis de la garde du palais, les neubetgis du khrasné, les vekils khradg de la laine et le drogman du dey, qui est toujours Maure.

Les esclaves chrétiens font la cuisine sous l'inspection des deux grands cuisiniers. Ceux-ci ne quittent jamais la maison du dey ; c'est un emploi de confiance qui les mène en peu d'années à une fortune par les avaids que leur doivent les beys, les califes, les caïds et tous les gens en place lors de leurs investitures. Les consuls sont aussi tenus envers eux à des donations en draps et en montres d'or à répétition lorsqu'ils font leurs présents consulaires.

Il y a aussi une table ouverte aux frais du gouvernement à la maison de l'aga des deux lunes qu'on nomme *dar el-charcegi*; nous avons eu l'occasion de parler de cet aga (1). A cette table sont admis le kiaya des janissaires, les yayabachis, les bulukbachis, les odabachis qui sont de service à Alger et qui composent le grand divan. Les chiaouchs à robe verte y sont aussi admis, à l'exception des trois caracoullouctchis.

Au reste les deux tables ne coûtent presque rien au gouvernement, non plus que toutes les provisions des corsaires et des camps : les beys, les caïds et les métairies appartenant au beilik fournissent le blé, l'huile, la mantague, les moutons, les poules, les pigeons, les herbages, les légumes et les fruits ; les épiceries sont fournies par les juifs et le corps de ville. Le beilik achète seulement le café et le riz d'Égypte, et il commence même à se passer du riz d'Alexandrie, le pays en fournissant d'une qualité qui peut y suppléer.

Le kiaya de l'ogeac, par lequel l'aga est remplacé, a au contraire une juridiction : il fait l'office de lieutenant de police pendant son exercice et il juge les petits procès des Maures. Voilà la perspective d'un joldach et la place éminente où il a droit d'arriver ; aussi il est rare de lui voir quitter cette carrière avant l'âge de 60 ou 70 ans. Rien ne l'empêche aussi de devenir dey ; il ne faut qu'être né en Turquie pour y avoir des droits. Quant au Coulogli il peut être fait bey. Celui de Mascara, fils d'un bey de cette province, est aujourd'hui dans ce cas ; il est même fils d'une négresse. Mais il ne peut jamais devenir dey, kiaya de l'ogeac, aga des janissaires, aga des sipahis, aschi-bachi et aucun des grands officiers du gouvernement : il ne peut pas même être de la garnison de la Cassabé ni des neubetgis de la porte du palais. Une fois qu'un Coulogli a fait son service de

(1) Voir p. 74.

buluk-bachi ou qu'il a fait ses camps et ses garnisons en qualité d'aschi-bachi, il a sa retraite et il se repose le reste de ses jours avec sa paye serrée avec ce qu'il peut avoir gagné dans les divers emplois par lesquels il a passé. Cette distinction entre un Turc et un Coulogli entretient une inimitié sourde dans le gouvernement qui sera quelque jour sérieuse. Un joldach est cependant maître de vendre son rang ; par exemple lorsque l'ancienneté de ses services le mène au grade d'oda-bachi, il peut pactiser avec quelqu'un de ses camarades moins avancé que lui et il lui cède ses droits en prenant lui-même sa place.

La raison de l'exclusion des Couloglis de la garnison de la Cassabé et de toutes les grandes places du gouvernement, vient de ce qu'il y a près de deux cents ans ils avaient fait le complot de chasser tous les Turcs levantins, et à cet effet ils s'étaient emparés de la Cassabé, qui est le château qui domine la ville dans la partie de l'ouest. La trame ne fut pas bien ourdie, les Turcs furent avisés à temps et ils les assiégèrent dans la Cassabé. Depuis lors on fit cette loi contre eux. Elle est tellement en vigueur, que lorsque les joldachs levantins peuvent suffire, on se dispense de les admettre à la paye. La seule faveur dont jouissent les enfants d'un dey, d'un khrasnagi, d'un bey, c'est d'avoir la paye serrée en naissant. Mais les enfants des autres grands n'ont aucun privilège, et un renégat a plus d'espérance de parvenir qu'eux ; il n'est exclu que du deilik et des autres places principales du gouvernement. On a vu souvent des agas renégats qui ne savaient ni le turc ni l'arabe (1).

---

(1) On lit ailleurs : « Un renégat peut devenir kiaya, aga des deux lunes, oukil khradg de la marine, etc., mais non dey ni khrasnagi ; mais le Coulogli ne peut posséder aucune de ces charges, et cela depuis une révolte qui eut lieu au commencement de l'établissement de l'ogeac où ils cherchèrent à s'emparer du gouvernement et à chasser les Turcs ».

Règles et usages de l'ogeac

Au soleil couchant, on ferme la porte de la maison du dey, et quelque temps après l'*assere*, on met une grosse chaîne de fer qui est suspendue au centre de la porte et on la ferme avec un cadenas, de sorte qu'on est obligé de se baisser pour entrer et sortir. Dans toutes les cacheriés, il y a une pareille chaîne, mais je n'ai pu savoir quel était le motif de cette institution. (*Add. interl.*) Ce sont les armes parlantes d'Alger, et cet emblême peut signifier qu'ils veulent mettre au sac la chrétienté (1). A côté le long de la maison du dey, il y a un banc de pierre couvert de nattes sur lequel s'assoit la garde qu'on nomme *neubetgis*; ils sont au nombre de 32. Ils dorment la nuit dans la maison du dey; ils y laissent leur strapontin et leur couverture que le capitaine prend, renferme dans une chambre tous les matins et qu'il descend à l'assere. Ceux de ces neubetgis qui sont mariés ont la permission la nuit du vendredi d'aller coucher chez leurs femmes. L'aschi bachi leur donne à manger; on leur donne trois fois le café, le matin, à l'assere et le soir.

Outre ces neubetgis, il y en a aussi 32 pour la garde du trésor; ils se tiennent sur des bancs de bois adossés à une chambre du trésor à droite en entrant. Ils servent la moitié un jour, et la moitié l'autre; le soir, ils vont coucher à la Cassabé (2).

Les neubetgis du khrasna et de la porte du pacha se lèvent pour le dey, le khrasnagi, les beys et les grands écrivains, qu'ils passent seuls ou tous ensemble, mais ils ne se lèvent point pour l'écrivain de la douane s'il passe seul. Ils ne se lèvent point pour l'aga, le cogea des chevaux et le vekil khradj.

(1) Cf. *infrà* p. 84.
(2) Cf. *supra* p. 67.

Lorqu'il meurt un homme de paye, soit qu'il soit marié soit qu'il soit garçon, le beit ulmagi porte au dey son fusil avec son nom et son surnom. Le fusil se conserve dans la salle d'armes. S'il est garçon, le beit ulmalgi vend tout ce qui lui appartient et s'en empare pour en tenir compte au trésor suivant les conditions de sa place. Mais les bijoux, les armes, les pierreries, les maisons, les esclaves, les jardins des grands officiers viennent en droiture au beilik; le beit ulmalgi n'a que les meubles, la batterie de cuisine, etc. Lorsque le dey régnant fit étrangler dans le mois de mars 1788 Hassan le khasnagi, on trouva dans sa *golphe* pour 16.000 sequins algériens de billets, un peu d'argent comptant, et ses armes et ses bijoux, ses selles, etc., furent estimés à 100,000 sequins (1).

Les grands de l'ogeac, tels que le dey, le khasnagi, l'aga, le cogea des chevaux, le vekil khradg et les beys, lorsqu'ils meurent mariés, la maison particulière où ils restent appartient au beilik, et le beit ulmalgi s'en empare. On ne touche point à la maison des femmes. Le dey tient ses femmes dehors du palais gouvernemental lorsqu'il est marié, de sorte que tout ce qu'il a dans le gouvernement appartient au beilik. Lorsqu'un bey meurt, l'aga est expédié pour aller s'emparer du trésor et de tout ce qui se trouve dans la maison du gouvernement en argent, en meubles, en tentes, en esclaves, en chevaux, etc. Si le bey est marié, il n'y a que la maison des femmes qui soit respectée et les biens habous, mais encore c'est toujours une grâce particulière du dey pour ce qui regarde

(1) Ailleurs : « Lorsqu'un joldach meurt soit au camp, soit à la garnison, soit dans quelque ville ou village du royaume où il s'est établi, le bey, l'aga, le caïd fait une vente juridique de ses effets et en envoie le montant au beit ulmalgi suivant les mêmes règles établies à Alger dans les successions. Le beit ulmalgi remet au dey le fusil du défunt, et son nom qui est effacé du registre; le fusil d'un homme de paye ne se vend jamais, et il est mis dans la salle d'armes. » Sur Hassan ou Hussein, cf. p. 87.

les meubles et immeubles hors du gouvernement qui ne soit point habous.

En 1773, Salâh a été fait bey de Constantine; il a succédé à un certain Ahmed, qui, après avoir fini ses dix ans de chaouchlik, fut envoyé en qualité d'*aga seraskier* avec 20 tentes de renfort qu'avait demandées Ahmed dans la crainte de quelque invasion de la part de Tunis. La tente est composée de 16 hommes, y compris le saka, le cuisinier et le vekil khradg. L'aga expédié à Constantine en rapporta 300,000 sequins. L'aga rapporta en présents et en grugeries 100,000 sequins pour lui; il inquiéta beaucoup les femmes du mort qui n'avaient point d'enfant.

Le dey charge quelquefois le bey qui remplace le mort d'expédier le trésor avec la connaissance de l'aga de la troupe, du cogea de la douane, etc. Cependant à la mort du bey de Constantine, c'est toujours l'aga qui est expédié, et l'autre arrangement n'a lieu que pour les beys de Titeri et du Ponant. Mais ce gouvernement du Ponant devient tous les jours plus considérable à cause de la sortie des grains.

Casernes

Il y a à Alger 7 à 8 casernes (1) pour le logement des joldachs : ce sont des corps de logis très vastes et très propres. Les appartements consistant en un rez-de-chaussée et un premier étage, comme toutes les maisons d'Alger, sont pratiqués à l'entour d'une cour, où il y a une fontaine. Les joldachs sont servis par des esclaves chrétiens que le beilik fournit; ils ont surtout le soin de laver, de nettoyer et de tenir propres les casernes. Ils ne sont pas les plus malheureux des esclaves; les joldachs ont beaucoup de bontés pour eux et ils les

(1) Ailleurs (p. 57), notre auteur, répétant une partie de ces renseignements, a dit douze.

traitent plutôt en camarades qu'en domestiques. Tout joldach marié est exclu de la caserne, et ce n'est que là où on donne du pain, excepté pour les grands officiers employés dans le gouvernement. Les joldachs sont trois ou quatre dans chaque chambre.

Ces casernes sont des lieux d'immunité, et on ne peut y saisir toute personne qui s'y réfugie, soit Turc, Maure, chrétien ou juif. Les joldachs enlèvent souvent des enfants maures et juifs et les gardent autant qu'il leur plaît sans que personne puisse les leur enlever. Il y a des temps où un jeune juif ou maure ne peut sortir de chez lui.

Les casernes d'Alger se nomment *dar jenitcherié*, c'est-à-dire maison de la milice, maison de janissaires. De ce mot *jenitcherié*, que les Arabes prononcent *jekicherié*, les Européens ont fait cacheries. Quoi qu'il en soit, ces casernes sont des maisons très commodes au milieu desquelles est une vaste cour ornée d'une fontaine.

Les casernes se nomment encore *joldach odalari*; on les distingue en *eski oda*, vieilles casernes, *jigni oda*, nouvelles casernes, et aussi par le nom de celui qui les a fondées ou qui les a commandées le premier, comme *Mûzin oglou odasi*, *Mustapha Caramanli odasi*, etc. On nomme *hazourgi* le joldach qui a son congé annuel; il sert un an et il se repose un an. Pendant son année de repos, il peut faire le service d'un autre pour les camps et pour la course, mais non pour les garnisons. Un camarade de service qui voudra le faire marcher à sa place lui donnera 5 jusqu'à 7 sequins (1).

Il y a à Alger sept de ces casernes à la porte desquelles est suspendue une chaîne de fer comme celle qui est sur la porte de *Dar el-emaret*, de l'hôtel du gouvernement. Cette chaîne est une marque d'honneur, comme les barrières en bois qu'on met à Paris devant les hôtels

(1) Voir p. 64.

des ministres (1). Le joldach est libre d'avoir un appartement dans ces casernes ou dehors. On les ferme à la prière qui se fait une heure et demie après le coucher du soleil. Alors les patrouilles roulent dans la ville pour arrêter tous ceux qui marchent sans fanal.

Les casernes sont des lieux d'asile où on ne peut saisir personne; les joldachs y amènent de gré et souvent de force les femmes et les enfants qu'ils rencontrent. Mais depuis plusieurs années, ou plutôt depuis le règne de Baba Ali, les joldachs sont moins tapageurs et commettent moins de troubles qu'auparavant. Le dey actuel n'a jamais été cruel, mais c'est un homme sage, vertueux, ami de l'ordre et qui sait punir à propos; il est dommage que son grand âge ne permette pas d'espérer qu'il régnera encore longtemps. Il ne s'est jamais marié, et ses contemporains assurent que dans sa jeunesse on ne lui a jamais vu faire parties de femmes, encore moins l'accuse-t-on du vice mignon, si à la mode à Alger où le célibat est un moyen de parvenir.

Un soldat turc tue un homme, il se réfugie au zavié de Sidi Abdulcadir et de là il passe au camp d'hiver des beys, qu'on nomme le camp des *sbandouts;* ils sont toujours campés sous la tente à quelque distance de la ville et c'est le khalifet el-beled, autre que le premier khalife du bey, qui les commande. Ils sont obligés d'être toujours prêts à marcher à une expédition. Le bey leur donne du pain, du riz, de la mantègue et une piastre tous les deux mois ; ils continuent à recevoir leur paye du beilik. Dans une expédition de conséquence, le bey leur donne un ou plusieurs sequins, suivant l'importance de l'expédition, et en outre le pillage, qui ne manque jamais. Lorsque le crime de celui qui se réfugie au marabout est trop atroce, le dey défend de lui donner à boire et à manger ; alors il est obligé de quitter son asile, et on le saisit et on le fait mourir. Pour la forme

(1) Voir ci-dessus, p. 81.

cependant, dans tous les cas où un Turc est poursuivi, le dey fait crier de courir sur lui, mais le criminel prend si bien son temps et il est si bien aidé sous main qu'il gagne presque toujours un des camps des sbandouts, où alors il est sauvé. Au bout de six mois ou d'une année il reparaît à Alger.

Un joldach dans Alger ne peut être arrêté pendant le jour que par un chaouch et pendant la nuit par le *coullouk* des Turcs, composé de 15 joldachs ayant à leur tête un bulukbachi (1). Chacun à tour de rôle, pendant une semaine, doit faire la patrouille de nuit ou payer un camarade pour la faire à sa place.

Lorsque deux joldachs tirent le yatagan l'un contre l'autre dans les rues d'Alger, personne ne peut se mêler de les arrêter. Lorsqu'un tue l'autre, il s'en va ordinairement ou à un marabout ou trouver le camp d'un des beys, et il revient ensuite. Il n'y a point de droit pour un pareil combat, mais il y en aurait pour un assassinat (2).

Lorsqu'un joldach veut se marier, il doit aller en demander la permission au kiaya des janissaires, et sur la permission qu'il lui en délivre par écrit, le cadi passe le contrat. Sans cela le cadi serait réprimandé et peut-être cassé. Si le joldach est trop nouveau sur le pays, on lui refuse la permission de se marier, vu le peu de moyens qu'il a pour entretenir une femme. Lorsqu'on

---

(1) Ailleurs on lit (f° 138) : « L'officier qui est à la tête de la patrouille turque de la nuit a le rang d'odabâchi ».

(2) On lit ailleurs : « Les casernes et les trois *zaviés* qui sont à Alger sont sacrées et personne ne peut y être saisi, mais dans les casernes y ayant moins de ressources pour vivre et obtenir sa grâce, un soldat coupable tâche de gagner la zavia de Sidi Abd ul-Cader, qui est à la porte de Bab-Azoun, de là il se rend au camp s'il est en campagne, ou auprès d'un bey qui demande sa grâce. Aussi les gens de paye se battent dans les rues d'Alger sans qu'ils puissent être séparés par personne; il n'y a que les chaouchs seuls qui ont ce droit. Tous les ans, soit pour des femmes, soit pour des garçons, il y a 30 ou 40 joldachs de tués à Alger. »

la lui accorde, le kiaya envoie avec lui un chaouch à l'achi bachi, qui fait effacer son nom de la liste des joldachs auxquels le pain du beilik est dû. Lorsque sa femme meurt ou qu'il la répudie, s'il veut ravoir le pain du beilik, il doit se présenter chez le kiaya des janissaires avec des preuves qu'il est libre, et alors ce kiaya donne ordre à l'achi bachi de lui fournir ses quatre pains par jour. Anciennement sur 100 joldachs il n'y en avait pas 10 qui se mariaient ; aujourd'hui, sur 100, il n'y en a pas 10 de garçons. Aussi le corps des joldachs est-il à présent moins tapageur, moins séditieux qu'il n'était ci-devant (1).

Procédés administratifs du beilik. — Le beilik prête aisément des sommes importantes aux juifs, aux négociants européens et aux consuls sans aucun intérêt ; il est arrivé souvent qu'on a gardé des sommes de 2 ou 300,000 livres des 3 ou 4 ans de suite. La maison de Gimon lui doit, par le dernier compte arrêté en janvier 1789, près de 800,000 livres, qui ne seront peut-être pas payées dans trois ans ; cela n'empêche pas le beilik de lui faire de nouveaux crédits. Hussein, le khrasnagi étranglé dans le mois de mai 1788, prêtait volontiers de l'argent, et il laissait passer les deux ou trois ans sans le demander ; mais si malheureusement il lui avait pris fantaisie de demander une commission et que cette commission fût retardée ou n'eût pas été faite à sa fantaisie, il se vengeait en redemandant son argent. L'aga d'aujourd'hui prête aussi aisément, mais pour le terme de 6 ou 8 mois seulement, mais sans intérêt quelconque.

Dans la paix d'Espagne il n'a voulu accepter aucun présent, et il n'a reçu que les avaids attachés à sa place. Lorsque les consuls ou tout autre lui envoient ses avaids, il a même soin d'envoyer quelque chose bien en retour et même plus que ce qu'il a reçu.

---

(1) Voir plus haut, p. 85.

Il n'a jamais existé d'État plus économe des fonds publics que le gouvernement d'Alger. Le trésor de l'État est ménagé avec un scrupule inconcevable. Il ne sort du trésor pour des dépenses courantes que les sommes fixées et arrêtées depuis un temps immémorial, et dans les occasions même les plus urgentes, quoique le khrasné soit très riche, tout se fait par corvée. Lors de la guerre des Danois, en 1770, et en dernier lieu dans les divers bombardements qu'ont tentés si infructueusement les Espagnols, on décida d'augmenter les fortifications de la marine et celles de la rade. Tous les habitants furent obligés de travailler et d'aller chercher des pierres à une carrière qui est ouverte du côté de Bab-el-Wad ; les grands eux-mêmes donnèrent l'exemple. Dans la crainte d'une seconde descente des Espagnols, on trouva à propos de faire des tranchées depuis la porte de Bab-Azoun jusqu'à la rivière nommée El-Arach, qui est à une lieue de la ville. Tous les corps de métier, chacun à leur tour, allaient y travailler pendant une journée ; le corps des juifs fut divisé en deux bandes qui avaient leur jour marqué. Pour la défense de la ville on sentit que les chaloupes bombardières et canonnières étaient absolument nécessaires : le bey et chacun des grands et des gens riches en firent faire de leurs deniers. Mais l'argent du trésor ne fut point employé à un objet de dépense nouveau.

Lorsque les Espagnols dans la malheureuse expédition d'O'Reilly furent obligés de s'embarquer le 9 juillet 1775, après avoir laissé sur le champ de bataille 5 ou 600 hommes, les joldachs se présentèrent à la tente du khrasnagi pour lui demander dix sequins algériens par tête, comme il avait été donné aux troupes qui prirent Tunis en 1755. Le khrasnagi, effrayé du ton résolu avec lequel la demande était faite, leur dit qu'il n'était point le maître du trésor et qu'il allait faire part de leurs prétentions au dey. Baba Muhammed, dans l'idée qu'ils n'avaient fait que leur devoir en défendant leurs foyers, penchait à ne rien accorder. Mais le khrasnagi lui ayant fait envisager qu'il fallait s'attendre à une révolte s'il retournait avec une réponse négative, le dey lui permit de leur promettre cinq sequins à chacun, mais à condition que les beys, les grands et les gens riches se cotiseraient pour former la somme nécessaire. Chacun ouvrit sa bourse, le bey de Mascara envoya 20,000 sequins, la veuve de Baba Ali, son prédécesseur, en donna cinq mille et ainsi des autres. Le dey fit faire la distribution de cet argent, et on prétend qu'il trouva le moyen de faire entrer quelque chose au trésor (1).

Mais revenons à la marche du service des joldachs, dont cette digression nous a écarté. Les soldats destinés pour les garnisons de Bône, de Collo, de Gigeri qui sont sur le bord de la mer, on arme des bâtiments du beilik pour les y transporter, et les anciens reviennent sur le même vaisseau. Quant aux garnisons qui sont dans l'intérieur des terres, comme Telmessen, sur les frontières du Maroc, Biscara et quelques autres places sur les frontières du Sahara, la troupe a des mules pour y être transportée avec son bagage. C'est la

---

(1) On lit ailleurs : « ... Le khrasnagi vint trouver le dey, qui lui dit de leur promettre 7 *ésamés* d'augmentation et dix sequins à chacun. Ceux qui combattaient à la marine voulurent élever les mêmes prétentions ; mais le dey tint ferme, et il ne leur donna rien. On donna aussi aux troupes cinq sequins algériens à qui apportait une tête d'Espagnol. Le beilik ne paya cependant rien de tout cela. Les beys, les grands, les femmes de Baba Ali, les particuliers riches, tous contribuèrent à ces étrennes ; on prétend même que le dey y a trouvé le moyen de faire sur tout cela des épargnes en faveur du beilik. Lorsque les Espagnols se sont présentés pour bombarder la ville, on a fait par *soukra* [corvée] des augmentations aux fortifications de la ville et de la rade, et tous les grands et les gens riches ont fait présent chacun de deux ou trois *lancous* ou chaloupes bombardières ou canonnières. Ces chaloupes étaient montées par des matelots maures et commandées par un raïs.

Le premier des raïs algériens est maintenant un renégat juif très bon homme de mer ; on le nomme Hagi Mohammed et par sobriquet Selami, c'est-à-dire renégat juif. »

ville qui est tenue de supporter le louage des mules nécessaires pour le transport. Les Maures payent les trois quarts de ces dépenses, et les juifs un quart. Il en coûte 2,000 francs environ pour cet objet. Dans toutes les impositions extraordinaires, les choses se règlent de la même manière entre les Maures et les juifs. Les travaux publics, tels qu'une nouvelle fortification, redoute, tranchée, etc., ils le font par corvées. Chaque [corps] de métier a son jour marqué pour venir travailler à son tour, et la nation juive est répartie en deux bandes qui se relèvent à tour de rôle (1).

L'aga qui commande le camp destiné à la levée du tribut, l'*oda bachi*, les *chiaoux*, le *codgea*, le *saca bachi*, l'*aschi bachi*, le *vekil khradg* (le *saca bachi* est un ancien joldach nommé par le bey, ainsi que le *vekil khradg*) gagnent tous dans leur voyage soit des avaids qu'ils retirent des pays, soit des présents du bey, qui 1,000 pataques chiques, qui 1,500, qui 2,000, qui 3,000, proportionnellement à leur grade (2).

Les officiers supérieurs des garnisons ont aussi leurs avaids réglés, qui dans le courant de l'année montent à une petite somme ; les joldachs de la garnison s'occupent tous à faire un petit commerce. S'il y a une fille riche à marier, c'est eux qui l'épousent. Une famille maure regarde à grand honneur de s'allier avec un Turc, dans lequel elle trouve un protecteur.

Un joldach dans les rues d'Alger ne peut être arrêté que par un chiaoux à robe verte, et au dehors de la ville par le bach aga et ses trois chiaoux.

Les codgeas de l'ogeac

Ce corps n'est composé que de Turcs levantins ; un

---

(1) Cf. p. 88.

(2) Cf. *suprà*, p. 70.

Coulogli ne peut y être admis. Un joldach qui a ramassé 1,000 pataques chiqués et qui sait un peu lire et écrire, achète son agrégement au corps des codgeas, moyennant cette somme, qui entre au khrasné. Alors on l'envoie à son tour aux camps et aux garnisons, et ensuite il obtient une des places régies par les codgeas à Alger. Ces places sont le codgea de la douane, le codgea du sel, le codgea du beit ulmalgi, le codgea des cuirs, le codgea de la *rahbé* ou des grains qui entrent en ville, le codgea de l'eau, le codgea qui assiste le codgea du *trigo*, le codgea des prises (ils sont deux, un Arabe), le codgea du charbon, le codgea des *zevails*; toutes ces places ont une attribution de dix pour cent sur le produit de leurs régies et des avaids. Les quatre grands codgeas du gouvernement, le codgea des chevaux, le codgea de la porte du palais commandant aux neubetgis de la porte, le codgea du blé qui reçoit les grains dus au beilik et qui préside aux pains de munition, sont tirés de ce corps, mais c'est le bey qui les choisit sans avoir égard ni à l'ancienneté ni au service, et il les garde en place tout le temps qu'il le trouve à propos. Les autres, au contraire, parviennent à ces places à leur tour, ne les gardent que pendant deux ans et passent à une autre. L'état de codgea mène toujours à un bien-être assuré dans quelqu'une de ces classes que ce soit.

Le codgea des chevaux est un des quatre grands personnages du gouvernement parmi lesquels roule l'élection du dey lorsqu'il n'y a point de révolte, chose qui devient plus rare de jour en jour. Il y en a beaucoup qui ont régné. Les autres grands codgeas n'y ont aucun droit, et ils ne se mêlent point des intrigues du gouvernement.

Les joldachs qui savent lire et écrire et qui n'ont point 1,000 pataques chiques à donner sont reçus parmi les codgeas de la marine; ils sont embarqués sur les corsaires au choix du reïs et ils font l'office d'écrivain. Lorsqu'ils ont du goût pour la navigation et qu'ils savent conduire un bâtiment, ils sont faits reïs eux-mêmes. Mais le reïs n'a pas plus de droit à la paye serrée qu'un simple soldat, et il ne l'obtient que lorsque ses années de service sont finies. Les reïs n'ont point d'autres appointements que leur paye courante, ainsi que tous les grands et le dey lui-même. Mais ils ont part aux avaïds des beys, des consuls, et ils ont 40 parts sur les prises qu'ils font; les hardes du capitaine et les effets qui se trouvent dans la chambre du navire, excepté les marchandises, lui appartiennent. Les reïs ont aussi un moyen sûr de gagner : tout homme qui est allé à la mer est obligé de marcher lorsqu'on fait un armement; les reïs s'adressent à un homme à son aise qui a une boutique ou un métier, et celui-ci se rachète moyennant quelques sequins (1). Mais malheur à lui s'il est pris ! le beilik ne le rachète pas et le *beit ulmalgi* lui enlève tout son bien s'il n'a point d'enfant mâle; s'il n'a qu'une fille, le beit ulmalgi se traite comme l'enfant mâle de la maison : il prend les deux tiers et laisse l'autre tiers à la fille, le douaire de la femme prélevé.

Le codgea du *trigo*, c'est-à-dire le codgea de la gérance du blé du beilik, revêt le caftan avant l'aga [?], le troisième jour de la fête du Bairam. Il a sous lui un codgea qui n'est que pour deux ans; il ne doit point être marié. Mehedié et Belidé fournissent les boissons pour les corsaires et les camps, le caïd de Sebou [Sebaou] 200 charges de figues.

Chiaoux à robe verte

Il y a dix chiaoux à robe verte, parmi lesquels les trois moins anciens ont le titre de *cara-coulloucichis ;* leur service est de dix ans, et à mesure qu'un se retire il est remplacé par un chaouch du bach aga. Ils doivent

(1) Voir ci-dessus, p. 43.

être Turcs levantins, et jamais Coulogli. Le dey les choisit à son gré parmi les simples joldachs, et leur premier mérite est d'être d'une grande taille et d'une complexion forte et robuste. Toute leur fonction, soit à Alger, soit dans les camps, est d'arrêter les gens de paye coupables et de les traduire devant le dey, et ensuite dans la maison de l'aga des deux lunes pour y recevoir le châtiment qu'ils ont mérité. C'est un crime impardonnable à un joldach de faire résistance à un chaouch dépêché pour l'arrêter. Il suffit que celui-ci le touche de sa main ou l'atteigne avec sa papouche pour qu'il soit obligé de se rendre.

L'habillement des chiaoux attachés particulièrement au gouvernement est un long caftan vert sur lequel on met une grande et large ceinture de soie rouge; ils ont des bottines rouges et des papouches de la même couleur, dont la semelle est ferrée. Leur marche s'annonce de fort loin, et probablement c'est par indulgence pour les soldats coupables qu'on a adopté pour ceux qui doivent les arrêter une chaussure qui rend leur marche pesante et bruyante.

Il a été dit que les chaouchs à robe verte sont dix ans en place. Ils font quatre camps; la première fois, ils font le camp de Constantine en qualité de petit chaouch, et ce voyage leur rapporte 3 à 4,000 livres. Ensuite, ils font celui de Titéri, puis celui de Mascara, et enfin celui de Constantine en qualité de bach-chaouch: c'est un voyage de 6,000 livres au moins. Il n'y a qu'au camp de Constantine où il y ait deux chaouchs (1). Lorsque les beys viennent faire leur visite, ainsi que les califes, ils ont de forts avaïds et en outre ils vont voir le bey tous les matins et s'assoient devant lui; ils étendent

---

(1) Ailleurs on lit: « Il y en a tous les ans quatre d'employés pour les camps: deux pour le camp de Constantine, un pour celui de Titéri et un pour celui de Mascara. C'est un voyage de deux ou trois mille livres. »

un mouchoir et lui disent *gucher efendi;* il en faut même beaucoup pour les satisfaire. Les chaouchs sortent de place, lorsqu'ils sont sages, avec 6 à 7,000 sequins algériens.

Ils sont au nombre de onze, sept habillés de vert ayant un bonnet de feutre blanc terminé par une petite pointe d'où pend un bourrelet rouge, un autre ayant le titre de *bach caracoullouctchi* avec un bonnet de même, mais ayant les manches du caftan ouvertes, au lieu que les autres les ont fermées, une grandissime ceinture de soie rouge et des bottes rouges avec des semelles de ja *(sic)*.

Les sept chaouchs et le *bach caracoullouctchi* portent une coiffure qui les distingue encore : ils ont un bonnet de feutre en forme d'entonnoir du bout duquel pend sur le derrière un bourrelet d'étoffe rouge qui fait une espèce d'anse. Le bach caracoullouctchi est distingué des chaouchs par les manches de son caftan qui sont ouvertes, tandis que les autres les ont boutonnées.

Le *jamac* ou le second du *bach caracoullouctchi* est vêtu de même que lui, mais il porte un turban blanc, au lieu d'un bonnet de feutre, qu'on nomme *tartoura*. Le troisième caracoullouctchi a une simple calotte rouge sans tartoura et sans turban ; c'est lui qui garde les papouches du dey lorsqu'il va à la mosquée les jours de vendredi.

Aux jours de divan, les chaouchs qui se trouvent à Alger se tiennent debout devant le dey, et ils veillent au bon ordre. Le vendredi, lorsque le dey sort de son palais pour aller à la mosquée, les chiaoux se rangent les uns derrière les autres devant la porte du palais au moment que le dey va paraître. Le dey s'avance au milieu de la rue, et tous les chiaoux, chacun à leur tour, vont lui baiser la main et ouvrent la marche. C'est le dernier caracoullouctchi qui commence et le bach-chaouch est le dernier. A mesure qu'ils lui ont baisé la main, ils commencent à courir et ils vont se ranger en haie devant la porte de la mosquée. Le dernier caracoullouctchi prend et garde les papouches du dey.

Pendant les dix ans qu'ils restent en place, les avaids qu'ils retirent des grands, des beys, des caïds et des consuls les mettent à même de ramasser une somme de 40 à 50,000 livres. Ils ont encore le moyen de gagner en retirant la paye des joldachs absents, paye qu'ils vendent aux juifs : chaque paye qu'ils retirent leur vaut une piastre. Le *bach chiaouch* est un homme très important à Alger, et on en a vu souvent qui ont été élus deys.

Au sortir d'exercice ils se reposent et jouissent de la paye serrée, ou s'il vient à vaquer quelque bonne caïderie ou quelque beilik, ils en obtiennent souvent l'investiture.

Outre ces dix chiaoux à robe verte, il y en a un autre qui est particulièrement attaché à l'aga des deux lunes, qu'on nomme en turc *iskemlé agasi*. Ce chaouch est distingué des autres par un caftan violet ; il est toujours auprès de l'aga et marche au devant de lui lorsqu'il vient au divan les jours de paye. Son exercice est aussi de dix ans, au bout desquels il se retire avec une certaine somme provenant des avaids et sa paye serrée. C'est le dey qui le choisit à son gré parmi les anciens joldachs. Le nouvel aga n'est point revêtu par le dey, la cérémonie se fait dans sa maison par le corps des yaya bachis et il vient au divan avec un caftan qui sert (1).

Outre ces chaouchs à robe verte et faisant des fonctions importantes relatives à l'ogeac, le dey a 12 chaouchs maures ayant à leur tête un *bach chaouch*. Ils ont pour distinction un turban de mousseline de forme ronde, et leurs papouches ne sont point ferrées. Ils sont envoyés en commission pour les affaires

(1) Ici se trouvent répétés les détails rapportés p. 74 sur l'intervention des chaouchs dans la bastonnade infligée aux joldachs.

du gouvernement dans l'enceinte de la ville; ils font l'office d'huissiers; ils donnent la bastonnade dans la maison du dey aux Maures, aux Arabes et aux chrétiens. Ils ont des appointements qui leur sont payés par le beilik, mais à titre de domestiques et non point d'hommes de paye. Les commissions qu'ils font soit pour porter un ordre, soit pour traduire quelqu'un, leur procurent une augmentation de paye. Ce bach chaouch et celui à robe verte ne quittent la maison du dey que lorsque la porte se ferme, à l'*assere*.

Composition du gouvernement d'Alger

Depuis le 8 février 1766, celui qui est à la tête de l'ogeac se nomme Baba Muhammed ben Osman; il est de cette partie de Caramanie qui est vis-à-vis Rhodes et Stanche. Comme il avait appris à lire et à écrire, il ne tarda pas, après son arrivée à Alger, à entrer dans le corps des ogeacs une fois que ses économies lui eurent permis de ramasser les mille pataques chiques qu'il faut donner au beilik pour être incorporé parmi le nombre des écrivains. Après avoir servi plusieurs années en cette qualité dans les camps et dans les garnisons, il fut fait cogea des neubetgis destinés jour et nuit à la garde du dey. De cet emploi de confiance, il fut fait krasnagi par Baba Ali, son prédécesseur, auquel il succéda. Baba Muhammed est aujourd'hui (1788) un homme qui a passé ses 80 ans; il est d'une très haute taille, sec, décharné; il traîne un peu, en marchant, la jambe gauche à cause d'une balle qu'il reçut au genou dans le siège d'Horan; il a le regard dur et peu agréable, mais sa vue est encore bonne, ainsi que son ouïe. Son esprit n'est point affaibli; il jouit d'une assez bonne santé, qu'il doit à sa sagesse et à son régime; jamais il n'a pris de remèdes de la vie.

Lorsqu'il est malade, il se met à l'eau pure et il attend patiemment le rétablissement de sa santé. Il ne s'est jamais marié, et même dans sa jeunesse on ne l'a jamais accusé de courir ni les femmes, ni les garçons, vice à la mode parmi les Turcs d'Alger ; il a toujours été chaste, continent, simple dans ses vêtements, sobre, frugal, doux, et avare de sang ; il a fait mourir fort peu de personnes pendant son règne. En mai 1785, il fit étrangler le khrasnagi, à l'instigation du bey de Constantine qui le lui avait dénoncé comme un homme qui voulait disposer de sa principauté à son gré et à son caprice. Il serait heureux qu'Alger pût le conserver encore longtemps. Le seul vice qu'on puisse lui reprocher, c'est une trop grande économie ; il ne laisse échapper aucun moyen d'accroître le trésor du beilik et il ne peut se déterminer, même dans les occasions les plus importantes, à faire sortir l'argent qu'il y a versé. Cette économie a occasionné un mouvement parmi les troupes lorsqu'elles eurent obligé les Espagnols à se rembarquer le 8 juillet 1775. Elles demandèrent à être récompensées comme elles l'avaient été à la prise de Tunis en 1754 : on avait distribué alors à chacun des joldachs 10 sequins, et ils en demandaient autant. Le dey consentit, après beaucoup d'instance, à leur en accorder cinq ; il ne pouvait se décider à payer des gens qui défendaient contre les infidèles leurs foyers et leur religion. Au dernier bombardement, les chaloupes s'étant présentées au combat et étant revenues très vite, on en demanda la raison, et ils répondirent qu'ils s'étaient battus pour une piastre qu'on leur avait donnée.

Le dey actuel est peut-être le seul Turc d'Alger dont les mœurs ont toujours été pures sur l'article garçons et sur tout autre article de débauche. Aussi dans sa maison il ne souffre point de libertinage, et les gens qui sont attachés à son service doivent-ils avoir une conduite régulière et craindre que leurs actions, s'ils en commettent contre les mœurs, viennent à ses oreilles. Il n'a jamais bu de vin, il ne s'est même jamais permis de fumer et de prendre du tabac. Ses principaux officiers se donnent bien de garde de fumer et de boire du vin.

Depuis qu'il est dey, il a fait venir deux de ses neveux : l'un nommé Hassan Cogea, s'étant appliqué à lire et à écrire, il l'a fait le second des grands écrivains, et l'autre n'ayant voulu rien apprendre, il l'a laissé simple joldach, et il n'a pour vivre que ce que sa paye et les aubaines de son service lui donnent. Sidi Ali, le vekil khradg de la marine, qui est l'esclave de Baba Mohammed, lui fait du bien par égard au sang auquel il appartient.

Dey, ou plutôt *daï*, est un mot turc qui signifie proprement oncle maternel ; il signifie aussi le plus vaillant, un héros. C'est la signification que lui donnent les Turcs d'Alger, et ils prétendent que, quand les trois Barberousse partirent pour leurs expéditions, le père recommanda aux deux cadets et à tous ceux qui les suivaient dans leur expédition d'obéir à Khreir el-Din en leur disant « c'est votre daï ». Quoi qu'il en soit de cette étymologie, c'est le titre qu'on donne et qu'on a toujours donné au chef de la milice d'Alger. En qualité de dey, il a l'autorité d'un grand maître sur tous les joldachs, qui sont les chevaliers, et en qualité de pacha il est le dépositaire de l'autorité despotique du Grand Seigneur. Le divan en fait l'élection, et la Porte la confirme en lui envoyant le diplôme de pacha, un caftan et les deux queues. C'est en 1710 que la Porte n'a plus envoyé de pacha à Alger (1); mais depuis nombre d'années auparavant, les pachas n'avaient plus à Alger que la même autorité que le gouvernement d'Égypte avait laissée à ses

(1) On lit ailleurs (f. 104 v°) : « On raconte ainsi l'aventure qui fit renoncer la Porte à l'envoi des pachas. En 1710, le pacha, voulant cacher les richesses qu'il avait ramassées et les emporter avec lui, avait mis ses sequins dans des jarres couvertes de beurre ; un Biskri,

vizirs depuis Ibrahim Kiaja. On leur rendait de grands honneurs, ils recevaient leurs appointements et ils ne se mêlaient de rien. La preuve que leur influence dans les affaires était fort peu de chose, c'est que nos capitulations avec la Porte, qui étaient nos seuls titres avec Alger, ont cessé d'être suffisantes et que les vexations qu'ils se permettaient obligèrent Louis XIV à bombarder leur ville. C'est à la suite de ce bombardement que l'on fit notre premier traité en 1689.

Le règne de Baba Muhammed a été fort paisible. Dans le commencement, il y a eu quelques factions obscures qu'il a toujours eu le bonheur de dissiper. En 1768, comme il était assis dans la salle du divan, un Turc manchot eut le secret de cacher son yatagan, et en allant prendre sa solde lui en déchargea sur la tête un coup violent que son turban para heureusement. Quelque temps après, neuf Turcs formèrent aussi le complot de l'assassiner, et ils avaient caché leur yatagan bien affilé entre la doublure et le dessus de leur capot; mais le secret ayant transpiré, le cogea de la garde arrêta les premiers qui se présentèrent sous prétexte d'aller recevoir leur paye; les autres voulurent s'échapper, mais ils furent saisis, et tous furent étranglés dans la maison de l'aga des deux lunes, où se font les exécutions. Cet événement fit renouveler les défenses d'entrer armé dans le palais du beilik, et personne, à l'exception des officiers du gouvernement et des neubetgis, n'entre dans l'hôtel du gouvernement qu'après avoir été fouillé. Et il est probable que cet usage, qui sera toujours plus en vigueur, assurera dorénavant la vie des deys, qui avaient pour coutume auparavant de mourir dans leur lit. Il est

---

en en portant une au bâtiment sur lequel il devait s'embarquer, la laissa tomber, et on aperçut le magot. Aussitôt on se saisit du pacha et on le massacra.

» Le règne du pacha était triennal; on les changeait tous les trois ans. Baba Erbdi a été le premier pacha daï, selon quelques-uns. »

de l'intérêt de la milice qu'il y ait souvent des changements, la paye augmente de quelques *essamés* à la suite des changements de pouvoir, et il ne peut y avoir que la plus grande vigilance qui puisse empêcher les attentats. La fermeté qu'il a montrée lors de la descente des Espagnols et des divers bombardements qu'ils ont faits, donne une haute idée de son courage : il a forcé cette puissance humiliée de lui demander la paix. Cette paix a coûté à l'Espagne un million de piastres sans compter les présents faits à tout ce qui tient au gouvernement, le dey en particulier, et le rachat des esclaves espagnols, siciliens et napolitains, qui a été fait à la suite, a coûté un autre million de piastres fortes. Cette somme immense a été portée au trésor et jointe à tout ce qui y est accumulé. On prétend que la première somme importante qui y est entrée est la dépouille de Tunis sous Baba Ali : celui-ci avait trouvé le trésor vide (1).

Le dey a pour tout appointement la paye de soldat, 40 pains que lui fournit le *cheikh el-beled* (le maire de la ville), ses droits sur les investitures des places et les présents que lui font les beys, les caïds et les consuls européens. Le beilik lui fournit sa table, des *garames* en blé, moutons, poules, pigeons, beurre, riz et fruits, que fournissent les divers districts du royaume. Cette cuisine nourrit le dey et tous les officiers et joldachs qui sont attachés au divan et qui ne se retirent qu'après l'asserre (2).

A la mosquée le dey a une place distinguée près de l'imâm, mais point de tribune, *macsoura* مقصورة.

Le dey a employé les richesses qu'il a ramassées durant son règne à faire construire la mosquée qui est

---

(1) Voir *infra*, p. 106.

(2) On lit ailleurs (f° 157 v°) : « Le *cheikh el-beled* de la ville est tenu de fournir à la maison du dey le pain qui lui est nécessaire. Toutes les provisions de sa maison lui sont fournies par les caïds du district d'Alger et les beys des trois provinces. »

vis à vis son palais, où il va tous les vendredis faire sa prière, et divers châteaux et redoutes (en turc, *top-khrané)* qu'il a fait élever pour mettre Alger et sa rade à l'abri de toute attaque. Lorsque les Espagnols se présentèrent, quelque temps après leur malheureuse descente pour bombarder la ville, les grands engagèrent le dey à se transporter à la Cassabé, attendu qu'il était tombé deux bombes dans son palais et qu'un boulet même vint frapper à une fenêtre par laquelle il regardait un instant auparavant la flotte espagnole. En se rendant à leur représentation, le dey remit au trésor en dépôt 200,000 sequins algériens qu'il y avait dans la cassette de son épargne. Lorsqu'on lui a suggéré de les reprendre, il a répondu qu'il n'avait besoin de rien et que puisqu'ils devaient retourner au trésor après sa mort, il valait autant qu'ils y restassent dès aujourd'hui (1).

Baba Ali, son prédécesseur, était marié ; il tenait sa femme dans son jardin où il allait une fois toutes les semaines, et au plus tard tous les quinze jours. Baba Ali a cependant régné longtemps et est mort dans son lit. Il était très courageux, versait le sang aisément, mais aussi extraordinairement généreux. Le trésor de l'État était presque vide à sa mort; il y puisait pour enrichir sa femme et ses enfants. Il a laissé un fils qui a hérité de biens immenses de sa mère ; mais il en fait très mauvais usage, et tout sera bientôt dissipé. A la mort du dey, le beilik n'hérite que de tout ce qui se trouve dans les appartements qu'il occupe dans le

---

(1) On lit ailleurs (f° 96) : « Le dey a toujours fait un bon usage de son argent pour la prospérité de la République : il a fait bâtir de ses épargnes une mosquée superbe, vis à vis l'hôtel du gouvernement, deux nouveaux forts, la fonderie et plusieurs vaisseaux. En outre, dans le temps du bombardement, il a déposé dans le trésor 200,000 sequins algériens qu'il n'a pas repris, et depuis ce moment ses épargnes doivent avoir considérablement augmenté, car il ne fait aucune espèce de dépense pour lui-même et il ne dépense que pour l'augmentation des biens et des revenus de la République ».

palais ; la femme et les enfants gardent ce qui se trouve dans leur maison.

Le dey revêtit aux deux baïrams la veste d'honneur que lui envoie le Grand Seigneur à son avénement au deilik et tous les deux ou trois ans. Cette veste d'honneur à manches pendantes se nomme *caftan ;* elle est faite d'une étoffe de coton bigarrée sur les devants, d'un tissu en soie jaune imitant des flammes. Ce caftan est de peu de valeur, intrinsèquement il ne coûte pas plus de 15 piastres de Turquie.

Le *tchelik* چلیك est une espèce d'aigrette en diamant dont le Grand Seigneur orne son turban. Il la porte un peu penchée, et les Turcs prétendent qu'il ne pourra la redresser que lorsqu'il aura conquis l'univers et planté dans toutes les parties du monde l'étendard de la foi mahométane.

Après la défaite des Espagnols dans leur malheureuse descente à Alger, le Grand Seigneur envoya au dey par un *capigi-bachi* une aigrette en diamant, qu'il met les jours des baïrams en même temps que le caftan.

Le dey ne porte sur lui aucune marque distinctive ; il est vêtu très simplement en drap, et son vêtement est composé d'une chemise, de deux corsets de drap, d'un *jubé* de drap, d'un bernus blanc, d'une grande culotte de drap en hiver et de toile en été. Sa coiffure est un turban rond de mousseline sur une simple calotte rouge, et il porte des papouches jaunes sur un *terlic* de la même couleur ; il n'a ni or ni argent sur lui. Dans l'hiver il a coutume de porter des chaussons de coton, qui vont au-dessus de la cheville. On l'a vu plus d'une fois raccommoder les mailles de ses chaussons et mettre un point à ses habits. La parcimonie est son côté faible ; mais ce qui la rend moins condamnable, c'est qu'elle n'a jamais que la prospérité de l'État pour but unique. Les droits du beilik ont toujours été sacrés pour lui, et il ne s'en est jamais relâché en faveur de personne. Aussi les sommes versées dans le trésor doivent-elles aujourd'hui [être] un objet de conséquence.

A la paix des Danois, le dey fit venir de Danemark des munitions navales, parmi lesquelles il y avait des mortiers à bombe. Baba Muhammed fut curieux de les voir et il se transporta à la marine, où il distribua 400 sequins algériens aux esclaves de la chiourme. C'est la seule fois qu'il ait été à la marine depuis son règne et qu'il lui est arrivé d'être si généreux. Il y a plus de quinze ans de cette époque (1).

A chaque *baïram* le dey, en se revêtissant du caftan, est tenu à un *avaid* de 1600 piastres courantes d'Alger, qui se partage parmi tous les officiers du gouvernement chacun selon son grade : grands écrivains, khrasnagi, aga, cogea des chevaux, cogea de la porte ; les aschibachis de l'hôtel, les chiaoux à robe verte, le drogman du dey, les vekil khradg, les neubetgis du trésor et de la garde du palais, les solacs, chacun a sa part de l'avaid.

Le dey a une grande et une petite musique : la grande musique, qui est celle d'un pacha à deux queues, composée de 8 tambours, de 8 trompettes, fifres, clarinettes, etc., joue tous les jours à *l'assere* dans la galerie supérieure de l'hôtel, et la petite musique joue tous les matins au soleil levant dans la maison intérieure qui était autrefois affectée aux pachas et où le dey a ses écuries ; elle est au fond, et celle où est le dey aujour-

---

(1) On lit ailleurs (f° 74) : « Le dey régnant, dans l'espace de 23 ans, n'est sorti que le vendredi, pour aller à la mosquée qui est vis à vis de ses appartements, et il est allé une seule fois à la marine après la paix des Danois et trois fois hors de la ville à l'occasion de quelque mariage, et la troisième fois, après l'embarquement des troupes espagnoles, pour visiter les travaux qu'elles avaient faits. — (f° 134) Il est de Meiri vis à vis de Rhodes. — (f° 158) Le 12 octobre 1788, le dey ayant eu des coliques, on a fait rougir un couteau et on le lui a appliqué légèrement sur son ventre. C'est un homme de quatre-vingts ans environ. »

d'hui a toujours été celle du chef de l'ogeac. La veille de la lune nouvelle, il n'y a point de musique par un usage particulier.

Le troisième jour de la première fête qui suit le ramadan, le dey revêtit aussi d'un caftan l'aga, le cogea des grains, les caïds du district d'Alger, et cette cérémonie est la confirmation de leur emploi. Ils doivent un avaid de 2,000 piastres dont il revient 400 piastres au dey, car le reste est distribué parmi les mêmes officiers que nous avons déjà nommés. Il est encore d'usage que le dey envoie un caftan au premier baïram aux beys de Constantine, de Titéri et de Mascara ; et cette expédition est suivie de présents pour le dey et les grands officiers, présents d'autant plus considérables qu'ils ne sont pas fixés.

La Porte est d'usage d'envoyer tous les deux à trois ans et à toutes les circonstances extraordinaires un caftan au dey ; le beilik donne mille sequins algériens à celui qui l'apporte, et le dey 1600 piastres aux mêmes grands officiers que nous avons nommés ci-dessus. Les joldachs aussi gagnent un *esamé* à cette occasion, indépendamment de celui qui leur revient de droit à la fête pascale qui suit le ramadan, mais le premier *esamé* de grâce est toujours pour les cogeas. Lorsqu'il y a une expédition extraordinaire, leur paye est aussi augmentée d'un ou plusieurs ésamés, selon l'importance de la chose, ainsi qu'il a été dit.

Cet usage où la Porte est d'envoyer tous les deux ou trois ans un caftan au dey, affectionne le joldach à ses intérêts, à cause de l'augmentation de la paye qui suit la cérémonie, et rappelle au dey lui-même qu'il est dans sa dépendance. L'officier qui apporte le caftan est chargé de porter quelques présents au Grand Seigneur, au vizir et au capitan pacha, qui est ordinairement le *capokiaja* de l'ogeac à Constantinople.

Le dey à son avènement députe en diligence au Grand Seigneur un officier de l'ogeac avec des présents pour demander la confirmation de son élection et les deux queues. L'officier de la Porte destiné à apporter le caftan est attendu avec impatience. Le Grand Seigneur est beaucoup plus le maître à Alger qu'il ne l'est à Tunis et à Tripoli. Le bey de Tunis et le prince de Tripoli pourraient à la rigueur se passer de la confirmation de la Porte et de l'envoi des deux queues, mais le dey ne pourrait garder sa place sans cette formalité. Il y a beaucoup de provinces de l'empire ottoman, telles que celles de la Syrie et des frontières, où le Grand Seigneur n'a pas l'autorité qu'il a à Alger ; il obtiendra toujours de l'ogeac ce qu'il voudra bien lorsqu'il expliquera sa volonté. Toutes les recrues se font sur les terres de l'empire ottoman, et les Turcs conservent le plus grand respect pour le sultan.

Élection du dey. — L'élection du dey roule entre trois sujets, et ce sont ceux qui occupent les premières places du gouvernement : le *khrasnagi* ou le grand trésorier, il fait les fonctions de premier ministre ; *mehallé agasi*, l'aga des camps : c'est lui qui a la police de la campagne et qui commande les armées de terre dans une expédition ; *at codgeasi*, l'écrivain des chevaux : c'est lui qui est le directeur des domaines. C'est parmi ces trois personnages qu'on choisit le dey. Le *vekil khradg* de la marine, quoique ministre de la marine, ne parvient point à cette dignité, mais il peut être fait, de vekil khradg, khrasnagi ou aga, et alors il a des prétentions. S'il était cependant Géorgien d'origine ou renégat chrétien, il ne pourrait point posséder une place au-dessus de celle qu'il a. On a vu autrefois des chaouchs, etc., faits deys ; mais c'est lorsque des conjurations avaient déjà massacré ou écarté les trois grands que nous avons nommés plus haut. Le grand cuisinier du divan influe beaucoup dans l'élection d'un dey. Lorsque le dey meurt pendant la nuit, c'est lui qui reste le maître du palais, et il peut faire passer un avis à celui des trois ministres qu'il affectionne et lui ouvrir la porte avant que les autres ne se soient rendus. Quelquefois le dey en mourant recommande telle personne, et son désir est ordinairement suivi. C'est le grand cuisinier qui vient annoncer la mort et les dernières intentions du dey. Le dey est aussi le maître de résigner et approuve et confirme le choix qu'il fait *(sic)*. Ibrahim Çogea Cheikh avait fait asseoir son neveu à sa place dès son vivant, à condition qu'il le laisserait mourir dans le palais; mais le neveu ingrat le fit sortir le lendemain et lui assigna une maison dans le voisinage. L'ex-dey en mourut bientôt de chagrin.

Un dey ne peut avoir des femmes dans la maison du gouvernement, et s'il se marie il est obligé de tenir sa femme ailleurs, en ville ou à la campagne (1). Ali Dey avait fait bâtir une maison attenant au palais, et il avait pratiqué une porte de communication pour s'y rendre. Le divan lui fit des représentations à ce sujet, et lui dit qu'il ne convenait pas qu'il y eût plus d'une entrée au palais, que cela était contre les usages. Il fit condamner la porte de communication qu'il avait faite, mais comme c'était le Cogea des chevaux qui avait donné lieu à ces représentations du divan, il le fit étrangler quelque temps après, malgré que ce même cogea des chevaux, auquel on offrait le deylik, eût désigné Baba Ali comme étant plus propre que lui à régner.

Trésor. — De temps en temps le dey fait sortir quelque chose du trésor qu'il fait vendre à l'encan. Ce trésor est dans la maison du gouvernement; ce sont des chambres souterraines et voûtées dont la porte donne sur la grande cour où se tient le divan; elle est à droite en entrant dans cette cour. Seize neubetgis ou gardiens

(1) Il est dit ailleurs (f. 147) : « Les constitutions du gouvernement d'Alger ne permettent pas qu'un dey soit marié. Ce n'est que par relâchement qu'on souffre qu'ils aient des femmes. L'esprit de cette loi vient de ce qu'on pense que le dey ne doit avoir point d'autres enfants que les joldachs et que, s'il se marie, comme il est le dépositaire des revenus de l'État, il peut prodiguer les trésors de la république à l'entretien et à l'avancement de sa famille. »

du trésor se tiennent assis sur des bancs de planches adossés à la muraille maîtresse. Le khrasnagi est le seul qui puisse entrer dans la *khrasné ;* c'est lui seul qui y porte l'argent et qui le sort. Le vekil khradg des laines et le *saïgi* [ou] *contador* portent les sacs sur le seuil de la porte lorsqu'il est question d'enfermer des sommes dans le trésor, et le khasnagi les range. La même chose se pratique lorsqu'il faut sortir de l'argent : le khasnagi entre avec une bougie et met les sacs sur le seuil de la porte, où le vekil khrag et le contador les prennent. Le dey garde la clef du trésor. Lorsque la porte du gouvernement s'ouvre, et c'est au soleil levant, il envoie la clef au khasnagi qui est descendu du divan avec tous les grands officiers. Ils attendent ordinairement l'ouverture de la grande porte sur des bancs de pierre qui sont au dehors. Le trésor reste ouvert jusqu'à midi précis. Alors le khasnagi ferme le trésor et fait remettre la clef au dey. Le trésor est fermé tous les après-midis et même les jours de paye ; le mardi et le vendredi il ne s'ouvre point. Il y a deux *saïgis* ou *contadors* maures pour compter les sommes qui entrent et qui sortent. Pour la paye il y a dans la cour deux juifs préposés auxquels les joldachs viennent faire vérifier l'argent blanc ou les sequins qu'ils reçoivent. Lorsqu'il y a quelque chose de court ou bien de faux, on le leur change, mais une fois sortis de la maison du gouvernement le khasné ne reconnaît pas la monnaie ; alors ils se font rembourser par les juifs vérificateurs. On prétend que dans les chambres du khasné il y a des piles en marbre où on met les sacs d'argent et d'or. Dans le khasné on met aussi les khangiars, les fusils, les sabres, les bijoux, les perles, les pierreries qu'on trouve à la mort d'un grand officier de l'État.

C'est un objet peut-être incalculable depuis la fondation d'Alger. On prétend cependant que la richesse du trésor ne compte que depuis la paix de Tunis en 1755 : on y versa toute la dépouille du Bardo en bijoux et en effets précieux d'or et d'argent, et on sait que la cour de Tunis était très splendide.

Un objet de conséquence qui est dans le trésor est le corail. Depuis 1685, la Compagnie d'Afrique paye une redevance de deux caisses de corail au gouvernement, de 120 livres pesant chaque caisse. On met dans le trésor le plus beau corail de l'assortiment, qu'on doit évaluer à 40 livres par caisse et la [illisible] se vend depuis 100 ans 80 livres de corail ; cela fait une somme immense. On peut évaluer ce corail à raison de 100 lb. la livre pesant au moins. On en prend rarement pour faire orner quelques fusils que l'on envoie en présent au Grand Seigneur et aux grands de Constantinople (1).

Revenus du dey et des grands officiers

On peut évaluer au moins les revenus annuels du dey en *avaids* réglées à 25,000 sequins algériens, sans compter le casuel, dans lequel doivent être compris les prises sur les ennemis, les confiscations sur les pavillons amis, les paix avec les puissances chrétiennes, les butins faits dans les guerres avec ses voisins, les présents des puissances chrétiennes, les présents de tous les gens de quelque considération ou marchands maures du pays qui vont à la Mecque ou en Turquie. Dans la paix d'Espagne, le dey eut pour ses escarpes 60,000 piastres d'Espagne, et le khrasnagi, l'aga, le cogea des chevaux 30,000, indépendamment de nombre de

(1) On lit ailleurs : « Tant qu'Alger a eu des pachas, les redevances et les profits de la course couvraient à peine les dépenses, parce que le pacha avait des droits considérables ; il s'enrichissait et il emportait l'argent du pays. Les droits du pacha, le beilik en a hérité. Ce ne serait pas une exagération que de dire que le khasné a peut-être cent millions soit en argent comptant, soit en bijoux, soit en armes précieuses, soit en corail ».

bagues, de caftans, etc. Le bey du Ponant, dans la dernière visite qu'il a faite à Alger en octobre 1788, donna au dey 24,000 sequins algériens. L'année d'auparavant, le bey de Constantine lui avait donné 10,000 sequins algériens, 10,000 mahboubs et 5,000 piastres. Ces donations ne feront qu'augmenter, attendu les sorties de grains qui se font dans leur gouvernement, où la culture se trouve encouragée par la vente des denrées, bien que le cultivateur ne profite guère du haut prix qu'en donnent les commerçants.

On peut évaluer également les revenus annuels des grands officiers du gouvernement, y compris le vekil khradg, à 15,000 sequins algériens par année, sans compter le casuel expliqué ci-dessus. Il faut observer qu'aucun d'eux ne dépense rien ni pour sa table, ni pour ses bijoux, ni pour ses vêtements : tout cela leur vient en présents. La seule dépense qu'ils sont dans le cas de faire se borne à des broderies sur leurs habits, aux façons de ces mêmes habits, et à des bâtisses s'ils en ont la fantaisie.

Constitution. — La constitution d'Alger est essentiellement vicieuse. Le dey est assez absolu pour faire sa volonté dans les cas particuliers, mais il ne peut sans risque mécontenter la marine et les camps. Il est obligé de souffrir et d'autoriser les injustices qui tendent au bien général. On confisque des cargaisons sur des bâtiments amis sous prétexte que les lignes du passeport ne correspondent point exactement avec celles du modèle dont chaque raïs est muni ; quelquefois les raïs eux-mêmes les défigurent. Le dey ne décide pas la légitimité de la prise : il fait assembler un divan de raïs à la marine, et après que le cas est décidé selon leurs intérêts, ils appellent les consuls pour leur montrer qu'il n'y a point d'injustice de leur part et qu'ils ne font que se conformer aux usages constants de l'ogeac sur une pareille matière. Il n'y a aucune nation pour laquelle ils aient plus de considération que pour les autres ; peut-être les Anglais sont les seuls vis-à-vis desquels ils appréhendent un peu de faire des injustices trop criantes (1). Quant aux nations du nord, la Hollande, la Suède, le Danemark et aussi Venise, ils se soucient aussi peu de leur amitié que de leur haine. Vis-à-vis de la France, ils ne poussent pas les choses à l'extrême, parce qu'ils n'ignorent pas qu'on a les moyens de se venger. Mais ils ne craignent pas non plus de commettre de temps en temps quelque injustice contre elle, persuadés que la considération de son commerce et de ses établissements au Levant, en Barbarie et dans leur propre royaume l'empêchera toujours d'en venir à une rupture. Depuis le succès des Algériens vis-à-vis des Espagnols, il n'y a plus aucun moyen de leur en imposer : ils se croient inattaquables tant par mer que par terre. Tout accord avec eux ne peut être que passager et incertain, vu la nature de leur gouvernement.

Un traité de paix avec les Algériens devrait être réduit à deux seuls articles : paix perpétuelle et réciprocité de procédés. Tout le reste est inutile et ne sert qu'à nous lier vis-à-vis d'eux. Mais tout ce qui les gêne ne peut être de durée avec eux ; en voici un petit exemple. Notre traité depuis 60 à 80 ans dit qu'un bâtiment qui viendra vide et s'en retournera vide ne payera que demi-ancrage. Les Algériens s'étant aperçus dernièrement, 26 janvier 1789, qu'il venait très souvent des bâtiments espagnols chercher des denrées, ont vu qu'il valait mieux recevoir 14 sequins que d'en recevoir 7, et ils ont fait signifier à toutes les nations qu'on percevrait dorénavant l'ancrage en entier. On croirait qu'il serait aisé de défendre une clause annoncée par les traités et confirmée par un usage immémorial, mais on a beau parler et on vous répond que ceux qui ont fait ces règles n'ont pu faire le

(1) Cf. plus loin.

tort de la chose publique et qu'ils sont faits pour réformer leur erreur.

Dans ce gouvernement, il existe cependant des gens vraiment vertueux. Le dey régnant a été toute sa vie un homme sobre, continent, chaste, modeste dans ses vêtements, ne respirant que pour la prospérité de l'État; un écrivain des chevaux, Osman Codgea, qui se ferait le plus grand scrupule de recevoir, outre les avaids accordées à sa place, le plus petit présent de qui que ce soit. Il n'a jamais été marié, il a toujours vécu d'une manière exemplaire et son bien est employé au soulagement des pauvres; il est, comme le dey, très pieux et très attaché à l'observance de l'islamisme. Le khrasnagi est un homme franc, loyal, qui ne sait pas déguiser ce qu'il a sur le cœur, mais qui ne tient point rancune. Il m'a dit à propos d'une injustice que nous avons essuyée : « Nous autres gens en place nous ne pouvons pas toujours faire ce qui nous paraît bon; nous sommes dans un pays de bandits où le nombre de voix l'emporte (1). » Le vekil khradg, homme d'esprit, fort instruit, mais cherchant un peu trop à favoriser les raïs, qui sont la partie la plus méchante de tout Alger. Le joldach qui ne fréquente pas la mer est ordinairement brave homme, quoique fanatique.

Il n'y a rien de si économe et de si vigilant pour ses intérêts que le beilik. Il entretient quantité de lions et de tigres dont il fait des présents aux têtes couronnées dans certaines circonstances, et ces animaux ne lui coûtent pas un sol pour leur nourriture. Ceux qui se chargent des tavernes sont obligés de les nourrir. On les nourrit avec les têtes de moutons et de bœufs, et ceux qui vendent de la viande sont obligés eux-mêmes de vendre aux taverniers à un prix fixé et modique, les têtes dont ils ont besoin pour l'entretien de la ménagerie, qui est dans un des trois bagnes. Les tavernes,

(1) Cf. plus loin.

indépendamment de cela, rendent annuellement au beilik un millier de sequins, 10,000 francs environ. Les taverniers s'enrichissaient autrefois lorsqu'ils avaient de la conduite ; mais aujourd'hui ils gagnent beaucoup moins parce que les profits de la course ont beaucoup diminué.

Places et fonctions. — La jouissance de quelque place quelconque à Alger est soumise à des avaids en sa faveur, et contre elle. Il n'y a pas jusqu'à la place d'un négociant qui ne soit tenue à présenter tous les ans des pommes, des châtaignes, des anchois, des olives, etc., aux grands et petits qui sont employés dans le gouvernement. Les actes de bienséance, de cérémonie, de politesse sont toujours suivis à Alger d'une donation en argent ou en effets. Tout est réglé ; on ne connaît point les compliments qui ne sont pas accompagnés de présents.

Les places à Alger, comme dans toute la Turquie, n'ont point d'appointements, mais il y a de nombreux moyens de les bonifier et de s'enrichir. Baba Ali, après la mort de l'aga qui fut tué par les Cabaïlis de Felissa, choisit pour le remplacer un chaouch bel homme mais grand ivrogne. Lorsque le dey pensa à lui pour le faire aga, on l'alla chercher dans une taverne et on le lui amena saoûl à ne pouvoir se tenir sur ses jambes. Baba Ali lui dit : « Je t'ai appelé pour te faire aga, mais prends bien garde à l'avenir. » Cet homme ignare garda sa place pendant deux ans et demi, et Baba Muhammed, homme très sage et peu sanguinaire, ayant appris ses vexations et ses déportements, envoya ordre de l'étrangler à Tedles, où il commandait le camp envoyé pour continuer la guerre contre les Cabaïlis ; il voulut même qu'il ne fût enterré que dans un linceul de grosse toile ne valant point une piastre. On sait que les peuples de l'Orient enterrent leurs morts avec des toiles très fines et même des étoffes en drap d'or. La dépouille de cet aga revint au beilik, et on lui trouva 35,000 sequins algériens qu'il avait faits en deux ans et demi, malgré les dépenses pour l'entretien de sa maison et qu'il fût très endetté lorsque Baba Ali le mit en place. Cet argent lui venait en partie des sipahis mariés qu'il enrôlait. L'aga en a 700, qui forment la cavalerie d'Alger, sans compter celle des beys; chaque sipahi donne ordinairement 30 ou 40 sequins pour être reçu. Cet emploi affranchit leurs terres de tout impôt et procure à leur famille une protection nécessaire dans un pays où le Maure n'est qu'esclave. Cet aga sous le moindre petit prétexte renvoyait les sipahis et en prenait d'autres qui lui donnaient encore 15 ou 20 sequins. En outre, il peut faire des avances aux gens de la campagne, qui sont entièrement sous sa juridiction. Lorsqu'il est hors de la ville, il a le sabre libre et il fait prévotalement pendre ou couper. Baba Ali, lorsqu'il était aga, s'amusait à essayer son fusil sur le premier Maure qui passait. Dans le temps des bombardements des Espagnols, il était défendu aux Maures de trop s'approcher de la ville ; l'aga aujourd'hui en place, lorsqu'il les rencontrait, leur faisait écraser la tête entre deux pierres. Ce n'est que par la plus grande tyrannie que les Turcs pensent qu'ils peuvent maintenir la tranquillité dans un pays où ils sont au moins cent contre un (1).

Maison du dey

Le khrasnadar, Cara Muhammed; il fait l'office de trésorier et de valet de chambre (2).

Deux *saigi* ou *serraf*, ils sont toujours Maures et jamais joldachs. Ils sont chargés de vérifier et de peser devant le khrasnagi ce qui est dans le trésor. Ils

---

(1) Cf. plus loin, p. 129.

(2) On lit ailleurs (f. 96) : « Le khrasnadar du dey est une des

comptent ce que le beilik paye, mais rien ne s'enregistre ni l'entrée ni la sortie.

Le drogman du dey : il est toujours Maure, il est pour l'interprétation verbale de ceux qui se présentent.

Deux écrivains maures qu'on nomme Cogeat el-Arab : ils sont chargés de lire les lettres écrites en arabe qui viennent du dehors et d'en faire la réponse.

Douze chaouchs maures, ayant un bach chaouch à leur tête; ils font l'office des *cara rolames alacarre*, c'est-à-dire des robes noires. C'était anciennement une place qui menait aux premiers emplois et même au deilik ; mais depuis quelque temps ils en sont exclus. Baba Ali avait été *bach chaouch* avant d'être aga. Ils sont envoyés en commission pour les affaires grandes et petites du gouvernement dans la ville seulement. Ce sont eux qui donnent la bastonnade dans la maison du dey aux Maures, aux chrétiens et aux Arabes ; ils ont une paye, mais non point une paye de joldach. Ils sont payés par les commissions qu'ils font (1).

Deux cuisiniers *aschi bachi*, l'un chef et l'autre en second ; ils sont Turcs et président à la cuisine du dey. Tout ce qui tient au gouvernement mange de cette cuisine le matin, à l'exception des neubetgis, esclaves, etc., qui mangent matin et soir au palais puisqu'ils y dorment. Ce sont les esclaves qui font la cuisine.

Quatre *solacs*, janissaires avec le casque de grenadier orné de plumes et ayant un manche de feutre pendant par derrière.

40 esclaves chrétiens tant pour le haut que pour le bas ; celui qui balaye s'appelle le *capitan prove ;* il y en a deux, un pour le haut l'autre pour le bas. Le capitan

---

personnes qu'on ménage le plus lorsqu'on a à traiter des affaires avec le gouvernement. Dans la paix d'Espagne il eut pour sa part 150,000 livres sans compter des montres et des bijoux. »

(1) Ce passage se présente dans le manuscrit dans l'ordre suivant : « Deux saigi ou serraf..., *jusqu'à* les commissions qu'ils font. Maison du dey. Le khrasnadar... *jusqu'à* valet de chambre. Deux cuisiniers, etc. »

prove à l'aube crie de la galerie deux fois *bonjorno Effendi bonjorno Effendi.*

4 Biskeris faisant les fonctions de commissionnaires pour le dehors.

10 *Saïs* ayant un *bach saïs* à leur tête, [chargés des che]vaux à l'écurie et des quelques mules.

Un geôlier pour les prisons qu'on [nomme A]bbas; c'est un Maure du dehors.

L'écrivain de la garde du dey, *neubetgi cogeasi;* il doit être toujours dans la maison du dey jour et nuit. C'est une place de confiance qui amène aux plus grandes places. Mohammed pacha avait commencé par là, et de là il fut fait khrasnagi.

32 neubetgis turcs et non Couloglis. Les neubetgis sont toujours choisis sur toute la liste des soldats qui sont en service pour les garnisons et non pour le service des camps. Ils restent dans la maison du dey un an. Ils sont [chargés] du bon ordre, d'empêcher qu'on n'entre de force ou avec des armes, etc.

Le *mehter bachi* ou chef de la musique.

Tout ce qui sert dans le palais, grands et petits, doivent être Turcs d'origine ou renégats, mais point Couloglis.

Officiers constituant le Gouvernement

Dey : Muhammed ben Osman Pacha.

Khasnagi : Hassan, le premier ministre chargé du trésor de l'État. Il est le seul qui entre dans le trésor, mais la clef du *khasné,* c'est le dey qui la garde.

Celui-ci a succédé à un autre Hassan que le dey a fait étrangler le 26 mai 1788. La dépouille de sa maison particulière a valu au beilik 15,000 sequins algériens, de bracelets, de joyaux, de broderies, de yatagans; on n'a point touché à la maison de sa femme, dont le khasnagi actuel avait la fille en mariage (1). Celui-ci, Baba Muhammed Dey, lorsqu'il fut fait khasnagi, le fit l'intendant de sa maison, et lorsqu'il fut fait dey, il le fit son khasnadar, puis vekil khradg de la marine, et il est aujourd'hui à la place qui amène le plus sûrement au gouvernement absolu.

Mehellé agasi, aga : Ali, second ministre et général de guerre pour la terre.

At cogeasi, l'écrivain des chevaux, Mustapha, ministre chargé des revenus des régences des terres du beilik et de la vente des chevaux, mules, chameaux, moutons, bœufs de la redevance des beys et des cadis.

Beit ulmalgi : Ali, chargé de recueillir la succession de tous ceux qui meurent sans héritiers. C'est une espèce de ferme, et il paie au beilik 500 pataques chiques chaque semaine. Le beit ulmalgi a, entre autres charges, celle d'habiller les esclaves du dey tous les ans. Le *beit ulmalgi* a une boutique qui lui est affectée ainsi qu'à tous les grands officiers du gouvernement et de l'ogeac. C'est là où se tiennent la caisse et tous les officiers du beit ulmalgi. Il ne doit point être marié, mais maintenant il semble que le mariage ne soit une exclusion pour aucune place. A sa mort toutes les sommes restantes dans le coffre-fort, ainsi que de sa dépouille propre, sont versées dans le trésor, mais on rend aux esclaves délivrés ce qui leur revient d'après la note gardée dans les registres du beit ulmalgi.

Vekil khradg de la marine : Ali, ministre de la marine.

Premier écrivain qu'on nomme *mukataâgi* : Ahmed Cogea. Il tient le rôle des joldachs et celui du *mukataâ*, c'est-à-dire de tous les biens-fonds et redevances du beilik.

Second écrivain *bach deftergi* : Hasan ; il tient une seconde copie du rôle des troupes. Il a la place d'honneur, quoique le second.

---

(1) Cf. ci-dessous.

Troisième écrivain... Il tient le double du registre des biens-fonds et redevances du beilik.

Quatrième écrivain... *Cogea el âschour*, chargé du registre des douanes de tout ce qui vient de la chrétienté. Cette douane se règle par le *mukataâgi* aidé du troisième écrivain (1).

Vekil khradg el-kebir : Muhammed, chargé de recevoir et de mettre en magasin la cai [déchirure] d'huile du beilik. Il tient aussi la clef de tous les magasins [déchirure]. Il ne paye et ne reçoit rien. C'est le beilik qui paye [déchirure] les *teskerés* pour la laine et [déchirure].

Vekil khradg el-saghir : Ahmed ; il supplée le premier dans ses [déchirure] la contrebande de la cire [déchirure] (2).

---

(1) On lit ailleurs (f. 120) : « Il y a quatre grands écrivains : le premier a la seconde place dans le divan, et lorsqu'ils sortent ensemble il sort le premier. Il tient deux registres, celui de la paye et celui des droits et revenus du pays. Le second écrivain tient un double registre de la paye, le troisième le double registre des droits et revenus, et le quatrième le compte des douanes. » — (F. 160) : « Outre les quatre grands écrivains, qui sont Turcs, le dey a deux écrivains maures pour la correspondance avec les beys, les caïds, le roi de Maroc, le bey de Tunis et de Tripoli. Tout est fait en arabe et même les *teskerés* qui se délivrent tous les jours pour diverses affaires. Les grands écrivains turcs ne sont que pour la correspondance de la Porte et des princes chrétiens, et pour tenir les registres et les rôles. Des deux écrivains maures, il y en a un, le premier, qu'on nomme *kiatib el-sirr* ; c'est lui qui fait les lettres du dey et qui lui lit celles qu'il reçoit ; l'autre est particulièrement affecté au Cogea des chevaux, qui a continuellement affaire aux Maures à cause des fonctions de sa place ; ce second écrivain aide l'autre dans le besoin ».

(2) On lit ailleurs (f. 147) : « Après le dey les deux officiers qui se mêlent et décident dans toutes les affaires, c'est le khrasnagi pour tout ce qui regarde la ville et le royaume, et le vekil khradg pour les affaires de la marine. L'aga et le cogea des chevaux n'ont point de voix dans les affaires de la ville. Le cogea des chevaux est un homme honnête, religieux, qui donne tout son bien aux pauvres ; il n'est point marié ».

Divan d'Alger

Divan el-khas, le conseil d'État ; *divan el-aam*, le conseil général.

Le dey.

Le khrasnagi.

L'aga des deux lunes, que l'on nomme en moresque l'aga des *sirkegis*. Il ne vient au divan que les deux baïrams et les jours de paye qui durent quatorze jours courants sans compter le mardi et le vendredi. Il est assis à côté du dey à la gauche, le kiaja et les autres officiers à la suite, les grands écrivains à droite et le khrasnagi au pied du dey en leur tournant le dos. L'aga alors vient à cheval jusqu'à la porte accompagné de tous les chaouchs qui le reconduisent; lorsqu'il entre dans la maison tous les officiers entrent à sa suite et chacun s'asseoit à son rang. Les chaouchs verts, tous les cara couloucgis sont tous les dimanches avec lui.

Le *vekil khradg* de la marine fait l'office de ministre de ce département. Il a sous lui douze bulukbachis qui portent les clefs des magasins pour en retirer les ancres et le nécessaire à l'équipement, et en outre l'amiral, le capitaine du port, les gardiens, les reïs.

Le *kiaya* : c'est lui seul et non l'aga qui commande en ville comme lieutenant de police.

Les *jajabachis* qui deviennent kiaya.

Les *bulukbachis.*

L'aga des sipahis.

Les *oda bachis*. Tous ceux-ci sont assis et les chaouchs sont debout devant le dey, le *bach chaouch* debout à côté du premier écrivain ; le soldat lui donne son nom et le *bach chaouch* le nomme à l'écrivain, qui dit tant d'aspres.

L'amiral d'Alger n'est plus qu'une place de représentation, comme celle de l'aga des deux lunes. Dans le principe, ces deux places devaient être les premières de la République. Le vekil khradj de la marine, qui n'était ci-devant que l'intendant, ayant la garde des magasins de fourniture de l'arsenal, est devenu le ministre de ce département. Il a sous ses ordres douze bulukbachis du corps des joldachs, qui exécutent ses dispositions. L'amiral, le capitaine du port, le commandant de l'escadre et tous les raïs sont entièrement soumis à sa juridiction.

La vie des Algériens est dure et active et le service se fait avec une régularité étonnante (1). Ceux qui occupent les premières places du gouvernement sont plus occupés et plus gênés que les autres, et des petites indispositions ne les empêchent même jamais de s'acquitter de leurs devoirs. Le dey doit toujours être levé avant le soleil, qui est l'heure où la porte de l'hôtel du gouvernement s'ouvre et où il doit descendre au divan pour recevoir les officiers. Le khasnagi, l'aga, le cogea des chevaux, les grands écrivains, etc., sont assis sur le banc de pierre qui est devant la maison du dey avant que la porte s'ouvre ; chacun d'eux vient baiser la main du dey et on prend le café. Ils ne retournent plus chez eux qu'après l'asserre et que la musique du pacha ayant joué ; alors on ferme la porte de la maison du gouvernement. Le vendredi on n'expédie point d'affaires, mais ils doivent venir prendre le dey pour le conduire à la mosquée, et ils passent depuis 11 heures jusqu'à 2 heures soit à la mosquée, soit à faire leur cour au dey ; après quoi, chacun est libre jusqu'au lendemain matin. Le mardi est le seul jour de vacance pour tout le monde, et il est libre à chacun d'aller à son jardin ; ce n'est encore que depuis le règne de Baba Ali que ce jour de

(1) On lit ailleurs : « Preuve frappante de l'exactitude avec laquelle le service se fait à Alger : chacun ne se mêle que de son affaire. »

congé a lieu. Le khasnagi, lorsque le divan cesse, vers les 9 heures du matin, reste au divan, et les autres grands dans les diverses boutiques qui leur sont affectées et qui sont toutes devant ou à côté du palais ; ils y demeurent jusqu'après l'assere. Le dey remonte chez lui à 9 heures du matin pour dîner ; les grands officiers montent à la cuisine du divan pour prendre leur repas. Ils se couchent à 7 ou 8 heures du soir.

Leurs *golphes* ou appartements de garçon sont tapissés de yatagans, de sabres, de pistolets et de fusils. Quand je dis tapissés, ce n'est point une exagération : on y verra suspendus 30 ou 40 yatagans, 7 à 8 paires de pistolets et une douzaine de fusils dont les crosses sont ornées de corail et de nacre de perle. Les gibecières brodées font aussi un des ornements des murs de leurs appartements ; ils y placent trois ou quatre pendules et un miroir. Tout à l'entour pour s'asseoir il y a un soffa étendu sur un tapis ; ils se couchent le soir au milieu de leur appartement ; le plus sensuel fait étendre un petit strapontin de 12 à 15 livres de laine sur lequel il s'étend enveloppé dans un ou deux barracans. L'été, au lieu de barracans, ils se servent de draps de lit. La plupart d'eux ne couchent même pas sur un strapontin ; ils font étendre deux ou trois barracans sur le tapis de leur appartement sur lequel ils s'étendent. Le dey lui-même n'a qu'un très petit strapontin pour tout lit. Le dey ainsi que les premiers officiers du gouvernement, lorsqu'ils sont mariés, ont toujours deux maisons : leur maison particulière et celle des femmes. Celle-ci, lorsqu'ils ont des enfants, est respectée à leur mort, et le beilik n'y met point la main ordinairement ; mais tout ce qui se trouve dans leur maison particulière revient de droit au beilik.

On nomme la *golphe* [غرفة] le salon où les grands officiers reçoivent ceux qui les vont voir dans leur maison particulière, et jamais dans la maison des femmes. Cette *golphe* est tapissée de yatagans, de khangiars, de sabres, de pistolets, de fusils et de gibecières à cartouches. Toutes ces armes sont ornées de pierreries et au moins d'or et d'argent. J'ai compté vingt yatagans suspendus dans la golphe où me reçut le khasnagi actuel, tous ces yatagans avec un manche orné de pierres précieuses et un fourreau garni en argent ou en or ; les fusils, les pistolets, les sabres et autres armes couvraient les quatre murailles.

Ces grands mariés ne gardent que fort peu d'argent comptant dans leur golphe ; leur trésor est dans la maison de leur femme, ainsi que les bijoux les plus précieux. La meilleure manière d'assurer le sort de leurs femmes, lorsqu'ils n'ont point d'enfants, c'est d'acheter en leur nom des biens voués à la Mekke. Hassan Khasnagi, qui a été étranglé dans le mois de mars 1788, avait dans sa golphe une petite somme en argent comptant, plusieurs montres enrichies de diamants, plusieurs belles pendules, 16,000 sequins algériens sous billets faits par des juifs et quantité de belles armes, brides, etc. Cette dépouille a été estimée, indépendamment des billets, à 100,000 sequins : tout cela a été enseveli dans le trésor (1).

Les grands officiers qui sont mariés ne vont passer la nuit chez leurs femmes que le vendredi et le mardi. La maison des femmes annonce de la magnificence. La paix de l'Espagne, qui a été achetée par des sommes si considérables, a introduit le luxe à Alger ; les grands ont fait faire de magnifiques jardins et de superbes maisons pour leurs harems. Ces jardins et ces maisons sont couverts de marbre qu'on fait venir de Gênes et de Livourne. Les murs en sont tapissés, ainsi que le plancher, avec des carreaux de belle faïence émaillée et peinte de diverses couleurs ; on tire ces carreaux de Tunis et d'Espagne ; on les nomme *zelis* [زليج]. C'est une

(1) Cf. p. 106 et 112.

des fabriques qui enrichit Tunis. Cette manière de tapisser les appartements dans un pays chaud a beaucoup d'agrément et de fraîcheur. Les Algériens aiment beaucoup les pendules; chez les gens riches, il y en a au moins une douzaine. Les montres ne leur coûtent pas grand chose; elles leur sont données en présent par les consuls établis chez eux.

Les Algériens n'aiment point l'horlogerie française; ils préfèrent la forme des montres et des pendules que font les Anglais. Ce que font les Français dans ce genre ne leur plaît pas dès qu'ils s'imaginent que cela est sorti de France ou de Genève. Il faut surtout que la montre soit renfermée dans une boîte en écaille avec des petits clous d'or ou tout autre ornement; sans cela, elle est imparfaite à leurs yeux.

Quant aux armes à feu, ils préfèrent les pistolets et les fusils qu'ils font : ce sont des armes chargées de bois et incrustées de nacre, de perles et de corail; elles sont très lourdes et très pesantes. Ces armes, dont nous ne voudrions pas nous servir et qui nous assommeraient, sont plus belles pour eux que tout ce qu'il y a de plus fini en ce genre en France et en Angleterre. Les canons de leurs fusils sont en général fort bons.

Une vigilance qui ne s'endort jamais un instant peut seule soutenir le gouvernement d'Alger, qui pèse si durement sur tous. Les Turcs ont pour ennemis les Couloglis qu'ils n'employent que malgré eux, lorsque les sujets leur manquent et qui ont l'exclusion de toutes les charges principales; les Maures qu'ils accablent; les esclaves sur lesquels ils ne peuvent point compter. Les meilleurs amis qu'aient les Algériens sont les consuls européens qui résident chez eux et qui ne gagneraient rien à une révolution (1).

Les mœurs des Algériens, j'entends des joldachs, sont

---

(1) Cf. p. 109 ; *infrà*, p. 129.

beaucoup moins féroces qu'elles ne l'étaient il y a quarante ans. Dans ce temps là régnait Baba Muhammed dit Torvo parce qu'il était borgne; c'était un homme juste, équitable et ami de l'ordre; il punissait rigoureusement les désordres, les crimes, l'indiscipline, et tous les jours il était dans le cas de punir du dernier supplice les rapts, les viols, les assassinats, les vols. Lorsqu'on armait les corsaires, lorsqu'on préparait l'expédition des camps, on ne pouvait guère sortir de chez soi sans danger, et il fallait toujours être retiré avant trois heures de l'après-dîner; les femmes, les enfants ne pouvaient se hasarder à marcher dans les rues. A ce gouvernement succéda celui de Baba Ali, homme guerrier, courageux, libéral et sanguinaire; il parvint à accoutumer les joldachs à un peu plus de discipline. Baba Muhammed, qui lui a succédé, homme doué de toutes les vertus morales, qu'il ne ternit que par un peu d'avarice, a toujours maintenu une police sévère. Personne cependant n'est moins sanguinaire que lui; il pardonne tout ce qu'il peut pardonner (1). Mais ce n'est plus le bon, parmi les joldachs, d'être tapageur, de faire des complots et des insurrections; ils s'adonnent à un petit commerce. Les Turcs ne dédaignent aucun métier, et ceux mêmes qui sont en passe d'être avancés aux premières places, il n'y a rien de honteux et d'ignoble pour eux : ils sont tisserands, maréchaux, arquebusiers, etc.; ils font les bouchers, les revendeurs; ils vendent des poules, des œufs, des herbages, des fruits, du tabac, des pipes, etc. Lorqu'ils ont un petit bien de terre, ils viennent vendre

(1) On lit ailleurs (f. 159) : « Les mœurs sont beaucoup plus douces qu'elles n'étaient, grâce à la bonne police qui s'observe depuis le règne de Baba-Ali. Baba Muhammed, quoique fort doux et humain, est sévère pour tout ce qui regarde les mœurs, et comme on sait qu'il est fort sage et fort rangé, ceux qui ont envie de s'avancer ont bien soin de ne pas commettre des actions qui pourraient leur nuire dans son esprit; ils se gardent du vin et des femmes mêmes. » Cf. pp. 59 et 101.

eux-mêmes leur [récolte] au marché, où ils comptent ce qui vaut un denier les quatre. Ils sortent de leurs petites boutiques pour être faits *oda bachi* et *bulucbachi*, etc.

La paix de l'Espagne servira beaucoup à adoucir les mœurs : la course devient plus difficile et moins lucrative et on s'en dégoûtera tôt ou tard. Naples s'est mis sur le pied de faire armer des frégates; Malte a des frégates doublées en cuivre qui intimideront parce qu'elles pourront faire des prises; le Portugal fait garder le détroit été et hiver par des frégates très fortes, de sorte qu'il ne reste aux Algériens que la côte d'Italie; les Génois se réveilleront aussi sans doute. Aussi il faut espérer que les Algériens renonceront à ce métier et se tourneront vers la culture de leurs terres, qui sont si belles et si productives.

Révolution des Arnaouds

Un événement qui me paraît le plus propre à donner une idée de la constitution d'Alger est ce qui se passa dans la révolution qui mit Baba Ali à la tête de la république.

Baba Muhammed Torto régnait depuis quelques années avec beaucoup d'intelligence et de sagesse. Sept Arnaouds joldachs de la milice forment le complot de massacrer le dey régnant et de s'emparer du gouvernement; ils se mettent d'accord entre eux pour les grandes places, et il fut décidé qu'un de ces sept Arnaouds, qui avait le poil rouge et qui était le chef de la conjuration, s'asseoirait sur le trône. La porte de l'hôtel du gouvernement s'ouvre avec le soleil levant et tout le monde se rend à son poste. Les conjurés s'introduisent sous prétexte de quelque affaire, ayant leurs armes cachées, et saisissant le moment, ils tuent le dey qui était assis à la place qui lui est affectée, et en même temps le khasnagi qui a des droits très distincts pour lui succéder. Cela fait, l'Arnaoud à barbe rousse s'asseoit sur le trône et chacun vient lui baiser la main. On donne ordre aussitôt aux musiciens de battre la caisse et on fait arborer l'étendard sur l'hôtel du gouvernement. Les grands écrivains quittent leurs places et viennent en tremblant rendre leur hommage. Le nouveau dey s'aperçoit de leur trouble, et il leur demande s'ils ne sont pas contents de le voir assis sur le trône; ils lui répondent que leur devoir est de tenir les registres et qu'ils ne sont faits que pour exécuter les ordres de celui qui commande. Les chaouchs à robe verte, qui sont sans armes, les vekil khradj de la laine imitent leur exemple et reprennent leur poste, après avoir baisé la main du nouveau maître.

Cependant le grand cuisinier, qui ne sort jamais de l'hôtel du gouvernement et qui a son appartement et sa cuisine sur une galerie qui donne sur la cour intérieure où se tient le divan, aperçoit le nouveau dey et le massacre qui avait précédé son élection. Il fait armer les esclaves chrétiens, et de la galerie il fait feu sur l'Arnaoud à barbe rouge qui régnait déjà depuis près d'une heure. Celui qui devait être khasnagi prend sa place et le grand cuisinier l'en renverse bientôt après. Un troisième s'y asseoit encore, et ainsi des autres jusqu'à ce que tout eût péri. Cela se passait devant une compagnie de joldachs composée de 16 hommes bien armés qui sont faits pour garder le trésor; leur devoir militaire les oblige d'être à leur poste et ils ne peuvent se mêler de rien autre. A la porte du gouvernement il y a 32 joldachs qui sont faits pour empêcher la milice d'entrer sans nécessité dans l'hôtel, et ils se tinrent tranquilles dans leur poste, empêchant le monde d'entrer, et cela malgré qu'ils eussent vu avec chagrin les affaires du gouvernement entre les mains des Arnaouds. Une fois que les sept conjurés ont été tués par le grand cuisinier qui s'était bastingué dans sa galerie, les officiers qui composent le divan ordinaire passèrent à l'élection du dey. On offrit la place au grand cuisinier, qui la refusa et qui dit qu'elle revenait légitimement à Baba Ali, qui était aga, c'est-à-dire le commandant général de la cavalerie ; c'est la troisième place du gouvernement. Cet aga n'était point présent : il se trouvait qu'il avait fait bâtir une maison et que la veille il y était entré et y avait donné une fête qui l'avait obligé à se coucher fort tard ; le sommeil l'avait retenu chez lui. Le grand cuisinier l'envoie chercher, et en arrivant on le fait placer à la place du dey et tout le monde vient lui rendre hommage. Il a régné dix ans. C'était un homme très généreux, bon enfant, mais se laissant aisément prévenir et étant capable de toutes sortes de cruautés lorsqu'il était en fureur. Il oublia bientôt que le grand cuisinier l'avait fait dey, et il le fit étrangler un an et demi après (1).

Ce qu'il y a de plus remarquable dans tout ceci, selon moi, est de voir les neubetgis du trésor, c'est-à-dire 16 personnes bien armées qui, malgré leur indignation, ne quittent pas leur poste et ne prennent point parti dans cette révolution, non par peur mais par esprit de discipline et de subordination, et de voir également les 32 joldachs faits pour garder la porte ne pas bouger de leur poste et continuer à exécuter exactement les ordres de leur consigne, quoiqu'ils sentissent que cette révolution, si elle avait eu lieu, aurait été funeste aux gens de Turquie et que les Arnaouds seuls auraient eu les meilleures places du gouvernement. Alger entre les mains de ces derniers, qui sont féroces et cruels, serait devenue une place bien redoutable à la chrétienté.

Ceux qui sont maintenant en possession d'être les mieux partagés dans ce gouvernement, sont les Turcs

(1) Cf. p. 62 et 107.

de la partie d'Asie qui est depuis Smyrne jusqu'à la côte de Caramanie. Le dey, le khasnagi, l'aga, le cogea des chevaux, le plus grand des grands écrivains sont tous de ce pays-là. Il faudrait une grande révolution, qui n'est plus guère possible maintenant, pour changer l'ordre des successions et les faire passer en d'autres mains, car tous les joldachs sont tranquilles. Il semble qu'il a passé en loi que le khasnagi doit succéder au dey, et ce ne serait qu'après que celui-ci aurait été massacré que l'aga pourrait être élu.

La première année du règne de Baba Muhammed, le divan décida de faire la guerre aux Cabaïlis de Bougie pour les réduire : ce sont les peuples qui habitent les montagnes de Felissa, très escarpées et d'un difficile accès. Il partit d'Alger un camp commandé par l'aga; l'aga lorsqu'il marche a sept sangeacs ou drapeaux. Le bey de Constantine, celui de Titéri et le caïd de Seboû vinrent se ranger sous ses drapeaux. On entoura les montagnes, on chercha à y pénétrer; mais les Cabaïlis firent partout bonne contenance. La guerre dura deux ans; les Algériens y perdirent beaucoup de soldats et d'officiers, et les montagnards conservèrent leur liberté. Alger fut obligé de traiter avec eux pour ramener l'apaisement, et les habitants de Felissa consentirent à la paix à condition qu'ils seraient les maîtres de demander la déposition du caïd qu'on envoie à Seboû. Depuis lors, on a toujours égard aux plaintes qu'ils font contre le caïd, qui ne paye point de garame, attendu qu'il n'en reçoit presque point. Il envoie de l'huile et des figues sèches au beilik; il n'est le maître que de la plaine. Cependant comme les Cabaïlis de Felissa sont presque toujours en guerre entre eux, le caïd est sollicité tantôt par un cheikh tantôt par un autre d'entrer dans leur querelle, et le caïd embrasse le parti qui convient le mieux à ses intérêts. La politique consiste à semer la division parmi eux pour les affaiblir et les ronger les uns après les autres; c'est un art dans lequel les Turcs excellent. Lorsque les Algériens attaquèrent ces montagnes, les Cabaïlis gâtèrent tous les chemins, de sorte qu'il serait impossible d'y pénétrer à cheval. Lorsque quelqu'un poursuivi par le gouvernement se rend dans ces montagnes, il y est en toute sûreté.

Mœurs. — Une des constitutions militaires d'Alger est la défense de se marier sous peine d'être privé du pain du beilik et de quelques autres avantages. La modique paye qu'a le joldach en commençant son service lui en impose l'obligation. Le gouvernement a dû par conséquence fermer les yeux et tolérer même ouvertement deux vices qui sont la suite du célibat : les filles publiques et les garçons. Toute fille maure qui veut faire le métier de putain va se faire inscrire sur les registres du Mezouar, et ses parents n'ont plus droit sur elle; elle [devient] la femme des joldachs. Mais sans la permission du lieutenant de police et sans qu'elle paye, elle ne peut se donner à des Maures; elle appartient entièrement aux soldats qui, lorsqu'ils ont un peu d'argent, prennent une chambre dans un *foundouk*, où ils les reçoivent. Quant aux garçons, c'est un vice encore plus commun chez les Turcs, et personne ne s'en cache. Il y a bien peu d'enfants nés à Alger qui, de gré ou de force, n'aient servi à assouvir la passion des joldachs, et cela est si vrai que beaucoup de Turcs restent garçons pour n'avoir point le désagrément d'avoir des enfants bardaches. Lorsqu'un joldach aperçoit un jeune garçon maure ou juif, il s'empresse à l'aborder et à se mettre d'accord avec lui : s'il résiste, il l'emmène de force dans sa caserne, où il devient la proie de ses camarades sans que le gouvernement puisse l'en arracher. Les casernes sont des lieux francs où les sbires du gouvernement ne peuvent point pénétrer. Lorsqu'il ne faut point employer la force pour avoir l'enfant, le joldach entre avec lui dans la première maison juive qu'il trouve sur ses pas, et il fait ses affaires sans crainte d'être dérangé.

Les Turcs, quoique très jaloux, ne se font aucun scrupule d'épouser une fille publique qu'ils entretiennent depuis quelque temps, lorsque cette femme se comporte bien et qu'ils en ont un enfant. Les femmes ne peuvent point entrer dans une caserne, ni dans un *foundouk* de marchands, où les joldachs à leur aise louent une chambre pour n'être pas confondus dans les casernes.

Politique intérieure. — La politique d'Alger est très cruelle envers les Maures et les Arabes; pour la plus légère faute, on les fait mourir. Baba Ali étant aga essayait souvent son fusil sur les gens de la campagne par pure fantaisie. L'aga d'aujourd'hui, dans le temps des bombardements, faisait écraser entre deux pierres tout Maure ou campagnard qui se rencontrait dehors (1). On peut dire en général que le caractère des Algériens tient beaucoup de celui des enfants; la moindre chose les irrite et leur ressentiment va toujours au delà des bornes. Ils ne savent pas distinguer le particulier du gouvernement : si un Français quelconque fait quelque chose qui leur déplaît, ce sont les Français en corps qui sont l'objet de leur mauvaise humeur, et comme ils se fâchent comme des enfants, il leur faut aussi des bonbons pour les apaiser.

Le gouvernement algérien a pour principe de dépouiller les Maures et de leur faire toute sorte d'injustices et de vexations pour les tenir asservis, et cependant dans toutes les circonstances, et surtout les gens de la montagne, on les voit se soulever.

L'ogeac aurait des sujets plus soumis, si la plus grande partie des gens de la campagne possédaient un petit terrain planté de quelques arbres.

Les Maures cultivateurs. — Il n'y a point d'êtres plus malheureux que les Maures qui cultivent les terres d'Alger : un *habayé* et un bernus sont tout ce qu'ils possèdent en hardes; elles leur servent de couvertures

---

(1) Cf. p. 113.

pour la nuit. Beaucoup n'ont point une natte et ne se servent que d'un peu de paille pour se coucher dans une misérable cabane de jonc et de terre ouverte à tous les vents. Sa nourriture est une farine d'orge détrempée dans de l'eau après l'avoir fait griller dans une poële; il ne mange jamais de viande. Un peu de figues sèches et de raisins secs sont pour eux des mets délicieux qu'ils ne mangent pas tous les jours. Sa femme a pour vêtement une haïque dont elle s'entoure le corps. Quant à ses enfants, filles ou garçons, ils restent tout nus jusqu'à l'âge de 9 ou 10 ans; ils couchent pêle-mêle avec le père et la mère. Cette éducation leur rend le crâne et la peau si durs que les cousins et les mouches ne leur font aucune impression. Les enfants pendant l'été, pour que le soleil les brûle moins, se jettent dans une rivière et puis ils viennent se vautrer dans la terre, afin que cette croûte les garantisse. Ils marchent, tant les enfants que les hommes faits, presque toujours nu-pieds, et la plante des pieds se durcit tellement qu'ils sont en état de recevoir 300 et même 500 coups de bâton sans en être incommodés plus de deux jours, tandis qu'un autre en ferait une maladie de 30 mois. Ils ne connaissent point d'autre éclairage pour la nuit que la lueur d'une branche d'arbre allumée, et beaucoup n'ont jamais vu d'huile. Les ornements de la femme consistent en un bracelet de corne de buffle et quelques anneaux de verre pendus au cou.

[*Autre rédaction*]. Il n'y a rien de si misérable que la vie des gens qui habitent les campagnes et les montagnes d'Alger. Ils n'ont pour toute nourriture que du pain d'orge ou du couscoussou fait avec de la mantague; ils ne connaissent point la viande, ni les herbages, ni les fruits. Si tous les gens de la campagne mangeaient du pain de froment, peut-être la récolte de blé ne suffirait pas. Les hommes et les femmes ne portent point de chemise : la même haïque qui leur sert le jour leur sert la nuit pour se couvrir. Leur lit, et c'est encore es plus aisés, est une simple natte de jonc sur laquelle ils s'étendent. Pendant l'hiver, ils sont obligés de recevoir dans leur tente leurs moutons, leurs vaches et leurs chevaux.

La femme est occupée toute la journée à moudre son orge avec un petit moulin à bras. C'est elle qui a le soin d'aller chercher l'eau et le bois. Ils ne s'éclairent jamais pendant la nuit qu'à la lueur d'un peu de feu; ils ne connaissent point l'huile.

Les hommes n'ont rien sur la tête; ils laissent croître leurs cheveux, qu'ils tiennent un peu courts. Leurs femmes ont une calotte de toile grossière brodée avec de la bourre de soie. On en apporte pour cet objet de Marseille et de Livourne au moins trente ou quarante quintaux l'année. Les objets de luxe pour les femmes sont un petit miroir de la grosseur d'un écu de 6 francs, et des filières de perles de verre dont elles se font divers colliers plus ou moins larges qui leur couvrent toute la poitrine. Elles ont de grands anneaux aux oreilles, qu'elles ornent aussi avec des perles de verre ou du corail. Elles ont plusieurs bracelets de corne de buffle qui leur couvrent le bras jusqu'au cou. Elles se peignent les yeux avec de l'archifoux, non seulement les [sourcils], mais aussi les paupières inférieures et supérieures. Leurs enfants pendant tout l'été sont tout nus.

Rien de plus grossier, de plus ignare, de plus approchant de la brute que la populace de la Barbarie : ils croyent aux sortilèges et à la magie. Les Marocains passent surtout chez eux pour de grands sorciers qui savent deviner les trésors cachés dans le sein de la terre, qui peuvent faire paraître le diable et faire descendre la lune du ciel.

Les Barbaresques ont une espèce de respect pour les grenouilles, qu'elles nomment les marabouts des animaux. La maison du consul de Venise s'amusant un jour à pêcher des grenouilles dans un torrent qui coule près de sa campagne, les paysans s'attroupèrent et ils étaient prêts à se soulever, quand on fit entendre à un de la bande que l'on connaissait, que l'on pêchait ces grenouilles d'ordre du médecin pour en faire un cataplasme à un malade.

Le jour de la descente des Espagnols à Alger, le domestique de la maison du maître des eaux, qui est grec, monta sur la terrasse pour faire sécher des pourpres. Les voisins l'aperçurent ; ils s'attroupèrent en criant que les chrétiens faisaient des sortilèges en faveur des Espagnols ; le maître heureusement, qui tient au gouvernement, vint à bout d'apaiser ce petit soulèvement.

Anecdotes sur la manière de traiter les affaires

Les grands de la Régence sont si accoutumés de la part des puissances chrétiennes à la condescendance la plus aveugle que la moindre difficulté, la moindre action qui contrarie leurs désirs, leurs projets, excite leur mauvaise humeur à un point incroyable. Le 17 décembre 1780, un corsaire de la Régence arriva dans le port d'Alger en disant que, ayant relâché à Malaga pour demander une voile dont il avait besoin, le commandant n'avait pas voulu la lui fournir sans argent ; et le fait est qu'on n'avait pas voulu la lui fournir sans qu'il donnât un reçu, et qu'il avait pris le parti de quitter sa croisière ne pouvant plus naviguer dans l'état où il était. Quelques heures après arriva le courrier d'Espagne sur lequel M. Montegon, le chancelier du consulat, était de passage. On ne permet pas au petit chebec d'entrer dans le port, et il reste en rade au risque de se perdre ; on lui fait ôter sa flamme et on défend à tout patron de barque, sous peine d'être pendu, d'aller à son bord ; on oblige les navires espagnols qui étaient dans le port de mettre à la voile, sans vouloir permettre qu'ils prissent de l'eau et les moindres petites provisions qui leur étaient nécessaires.

La vengeance est toujours poussée ici aussi loin qu'elle peut aller, et l'on est heureux lorsqu'après avoir essuyé beaucoup de désagréments on parvient à apaiser les esprits soulevés par des présents.

Un bâtiment hollandais est amené ici pour avoir un passeport trop court. Le passeport reste entre les mains du corsaire arrivé à Alger, on présente le passeport au capitaine en présence de son consul ; il ne reconnaît plus son passeport, il prétend qu'il a été coupé et défiguré par le raïs qui l'avait gardé. Là dessus le vekil khradj se lève, donne deux soufflets au capitaine pour avoir soupçonné la bonne foi du corsaire, la cargaison est confisquée et les consuls sont appelés pour juger de la légitimité de la sentence, cargaison de sucre, de cuirs, de planches chargée à Lisbonne pour Ancône évaluée à 200,000 livres ; il y avait des caisses de sucre qui pesaient 16 et jusqu'à 20 quintaux. Ces caisses sont faites avec du bois d'acajou.

Le 24 décembre 1788, le raïs Soliman, commandant une barque de la Régence, est entré dans le port d'Alger avec une petite tartane chargée de tabac, qu'il a trouvée sur la côte d'Espagne. Cette tartane a le passeport français qui lui *(sic)* a été délivré à Port-Vendres à raison de ce qu'il devait venir s'y établir ; il avait acheté à Gênes d'un négociant génois la tartane qu'il commandait ; lui-même était Génois, marié et établi à Gênes, où il avait encore sa femme et ses enfants. Son équipage était composé de 7 génois et de 2 français. Le 20, le vekil khradj a appelé le consul au *kioschk* de l'amiral où étaient rassemblés tous les raïs, pour défendre cette expédition. On présente son passeport, son rôle d'équipage, le contrat d'achat du navire passé à Gênes, une lettre de la femme du patron Gandolphe, le patron du navire qui lui écrivait de Gênes dans le mois de juin, son contrat de mariage passé à Gênes. Le consul a dit que, cet homme ayant donné caution de venir bâtir une maison à Port-Vendres, on l'avait regardé comme Français et on lui avait délivré le passeport pour venir s'y établir, que des anciens amis de la France devaient avoir égard à un passeport donné par un grand roi, qui dans toutes les occasions donnait des preuves de son affection à la Régence. Le vekil khradj a répondu que c'était au dey à avoir ces considérations, mais que son devoir à lui était de constater la légitimité ou l'illégitimité de la prise. Là-dessus il a fait venir le patron Gandolphe, qui, ayant été interrogé, a dit qu'il y avait plus de 50 bâtiments génois qui naviguaient de cette manière et qu'aucun n'était même établi à Port-Vendres. Ensuite le consul a été chez le dey pour le prier de faire relâcher le navire ; le dey a répondu qu'il ne le voulait ni ne le pouvait, qu'il allait donner des ordres à ses corsaires de lui amener tous les bâtiments français qui paraîtraient suspects, que ce que l'on faisait en France était une chose injuste, puisque l'on soustrayait des ennemis aux recherches des corsaires et que pour de moindres raisons on avait fait souvent la guerre. A la réplique du consul et de votre serviteur, le dey, qui avait été de bonne humeur jusqu'alors, s'est fâché et nous a fait entendre que toutes ces paroles l'ennuyaient et que nous nous retirassions, ce que nous avons fait. C'est à peu près la manière dont se terminent toutes les affaires de ce genre à Alger.

En 1786, une frégate portugaise poursuivit un corsaire algérien jusque dans la rade de Gibraltar, le canonna et le coula à fond. Le commandant de Gibraltar mit l'équipage disgracié sur un bateau marchand et l'expédia à Alger avec un officier chargé de demander au dey à quoi pouvait monter le dédommagement qu'il était de justice de donner d'après les capitulations. Le corsaire appartenait à des particuliers, qui demandaient 3000 sequins pour le vaisseau, et le dey tint le dédommagement des hardes de l'équipage à 1,000 sequins, en tout 40,000 livres. A la suite de cet accommodement, M. Langhien, consul anglais, écrivit à Londres que les Algériens avaient été si raisonnables dans cette affaire et avaient fourni pendant la dernière guerre tant de provisions pour Gibraltar qu'ils méritaient une reconnaissance de la cour. On envoya une frégate qui apporta 4 canons de bronze, 48 livres de balles, de la poudre et des boulets ramés. Ce présent était estimé à 50,000 écus au moins.

Sous le règne de Mohammed dit le Torto, on prit le paquebot qui part de Lisbonne pour l'Angleterre avec 2 millions ; sous prétexte qu'il n'avait pas de passeport il fut confisqué. Les Anglais se contentèrent en dédommagement d'une ambassade qu'Alger envoya en Angleterre avec quelques présents. Ils obtinrent que les Anglais fugitifs d'Horan ne seraient point faits esclaves et cela a tenu jusqu'aux années dernières, mais ils ont perdu ce privilège. Leurs vaisseaux ne sauvent plus les esclaves.

Nous avons vu en plusieurs endroits de ces notes que le gouvernement est essentiellement vicieux et que les chefs sont souvent forcés de faire des choses contre leur intention et contre leur conscience ; en voici une nouvelle preuve. Le corsaire qui envoya à Alger le bâtiment qui fut confisqué dans le mois de décembre, ayant fait venir le capitaine à bord, dit que son passeport était tant soit peu court ; mais d'ailleurs le trouvant en règle il le renvoya à son bord. Comme il y allait, les Turcs se soulevèrent et dirent qu'il fallait l'amariner pour qu'à Alger on décidât s'il y avait lieu à confiscation. Le raïs fut contraint de rappeler le capitaine hollandais, et mettant plusieurs Maures sur son bord on le conduisit ici. Chemin faisant on vicia un peu plus le passeport et la cargaison fut confisquée.

Rapprochement entre les gouvernements de Malte et d'Alger.

La constitution d'Alger a beaucoup de ressemblance avec celle de l'ordre de Malte. Un chevalier ne peut se marier, le joldach est invité à vivre dans le célibat et perd beaucoup de ses prérogatives s'il se marie : il n'a plus de droit au pain de l'ogeac, et il y a certaines places, par exemple celle de beit ulmalgi et quelques autres, qui ne peuvent être occupées que par des joldachs non mariés.

L'ordre ne rachète jamais un chevalier qui tombe en esclavage. Les deniers de l'ogeac ne sont jamais employés à racheter qui que ce soit. Il y a un usage bien singulier à Alger : lorsqu'un Turc ou un Coulogli ou un Maure tombe esclave, le beit ulmalgi s'empare de tout son bien en cas qu'il n'ait point d'enfant, il est traité positivement comme s'il était mort. S'il sort d'esclavage par un échange accepté par le gouvernement, par les libéralités de l'empereur de Maroc, ou bien par la fuite, on lui rend en arrivant le quart ou le tiers du bien qu'on lui a pris et on lui donne une année de paye telle qu'elle était notée sur le rôle avant sa disgrâce.

L'ordre hérite de la dépouille d'un chevalier défunt. L'héritage d'un soldat turc revient au beilik lorsqu'il n'a point d'enfant ; il ne peut en disposer par testament ni en faveur de sa femme ni en faveur de ses parents.

Tout chevalier est à Malte un personnage très important. Un Turc à Alger jouit encore de plus de prérogatives ; son fils en perd une grande partie, et il est traité comme le sont à Malte les primats du pays, qui ne sont admis que dans la classe des chevaliers servants. Un Coulogli à Alger ne peut être élu dey ni posséder les premiers emplois du gouvernement.

Le grand-maître de Malte est élu par le corps des chevaliers, il devient le prince de l'île et le chef suprême des chevaliers, il ne quitte sa dignité qu'avec la vie. A Alger le dey est élu par le divan, il devient le commandant de la milice et le roi d'un royaume assez étendu ; sa longueur de l'est à l'ouest est d'environ 200 lieues communes de France, et sa plus grande largeur du nord au sud est d'environ 100 lieues. Il ne peut être déposé, et sa mort seule rend le deilik vacant.

L'ordre de Malte doit hommage au roi des Deux Siciles, qui empêche que les vaisseaux de la religion aillent croiser dans les mers du Grand Seigneur. Alger rend hommage à la Porte, qui confirme l'élection du dey en lui envoyant les deux queues de pacha et qui oblige l'ogeac, lorsqu'il le veut bien, à cesser les courses contre une nation chrétienne. C'est par ordre exprès du Grand Seigneur qu'Alger avait fait la paix avec l'empereur. Malte ne peut s'affranchir du joug qui lui est imposé par le roi des Deux-Siciles, à cause du besoin qu'elle a des grains et des provisions qu'elle tire de ses états. L'ogeac d'Alger ne peut secouer le joug de la Porte à cause des recrues qu'il est dans le cas de faire sur les terres de l'empire ottoman.

Un chevalier est tenu de faire ses caravanes pour avoir part aux bienfaits de l'ordre. Un joldach d'Alger est tenu de faire des courses sur mer et des campagnes sur terre pour arriver aux premières places de l'ogeac et mériter la paye serrée.

Tout chevalier jouit à la fin de ses jours de beaucoup d'aisance. Tout joldach est riche à la fin de sa carrière.

Le célibat auquel sont condamnés les chevaliers de Malte fait que l'on tolère dans l'île les filles publiques; Alger est dans le même cas, on y souffre les filles publiques pour empêcher que les joldachs ne pensent au mariage.

L'esprit de religion a été le principe de l'ordre de Malte. Le même esprit de religion a été cause de l'établissement d'Alger, qui se glorifie du titre de *Dar ulgihad*, c'est-à-dire centre de la guerre sainte contre les infidèles. Le chevalier et le joldach égorgent les hommes au nom du Dieu clément et miséricordieux.

Le plus grand tort que le grand maître puisse avoir avec les chevaliers, c'est de vivre trop longtemps et de retarder une élection dont tout le monde désire tirer parti. A Alger, le dey vit toujours trop longtemps ; on soupire après un changement qui procure à tout le monde une augmentation de paye et des avancements.

Le grand-maître jouit à l'égard des habitants séculiers de la souveraineté et de tous les droits régaliens, en même temps qu'il n'est considéré à l'égard des chevaliers que comme le chef et le supérieur d'une république religieuse et militaire.

Le pacha-dey d'Alger jouit à l'égard des gens du pays dans sa qualité de pacha, titre que la Porte lui confère, de la souveraineté et de tous les droits régaliens, en même temps qu'il n'est, en qualité de dey, que le chef d'un corps de milice destiné à combattre les infidèles.

Les chevaliers de justice, qui peuvent seuls parvenir aux dignités de bailli et de prieur qu'on appelle grand croix, et à celle de grand-maître, sont ceux qui, comme l'explique le formulaire de leur profession, méritent, par l'antique noblesse de lignage, d'être admis à ce degré d'honneur.

Les Turcs n'ayant point de noblesse, il suffit d'être né en Turquie et d'être musulman pour être reçu dans le corps de milice d'Alger et pour parvenir aux premières places et à la dignité de dey.

Le temps a introduit l'usage d'admettre dans les rangs des chevaliers de justice des personnes qu'on appelle chevaliers de grâce : ce sont ceux qui sont issus de pères nobles par leur extraction et de mères roturières, et ont tâché de couvrir ce défaut par quelque dispense du pape.

Quoique la loi veuille qu'il n'y ait que des Turcs nés en Turquie qui puissent entrer dans le corps de milice algérien, cependant le dey a la faculté d'y admettre des enfants nés d'un Turc et d'une mère algérienne ; mais ceux qui sont dans ce cas ne peuvent jamais arriver aux premières dignités du gouvernement, et ils passent à la vétérance dès qu'ils sont parvenus à la charge de yaya bachi, après laquelle on parvient en suivant l'ordre de l'ancienneté à la place de janissaire aga, qu'on n'exerce que trois mois. Les renégats ont sur les Couloglis l'avantage d'y arriver, mais ils ne peuvent occuper aucune des premières places du gouvernement, non plus que les autres.

Il y a à Malte sept palais qu'on nomme auberges, où peuvent manger tous les chevaliers. C'est l'ordre qui fait les frais des fonds de la nourriture, et le pilier, c'est-à-dire celui qui tient l'auberge, y ajoute du sien propre pour augmenter la bonne chère.

A Alger il y a douze beaux corps de logis où logent et sont nourris tous les Turcs composant l'ogeac. Chaque caserne est tenue par un officier supérieur qu'on nomme *odabachi*, et ce sont des esclaves chrétiens qui sont affectés dans chaque caserne pour tenir propres les appartements et les cours. Le gouvernement donne le pain, le riz, la viande et tout ce qui est en outre nécessaire pour faire la cuisine. Un chevalier turc, lorsqu'il parvient aux premières places du gouvernement ou à être dey, se rappelle la caserne dont il a été membre et il fonde en sa faveur quelque plat ou quelque autre douceur dont il fait les fonds à perpétuité. Le Turc caravaneur a aussi le privilège d'aller dérober des fruits et des légumes dans tous les jardins qui sont aux environs de la ville.

Les commanderies et généralement tous les biens de cet ordre, en quelque pays qu'ils soient, appartiennent au corps de la religion.

Les biens d'un chevalier algérien, dans quelque lieu qu'ils se trouvent, appartiennent au gouvernement, qui a ses procureurs dans diverses villes de l'empire ottoman.

L'ordre de Malte est une république dont le gouvernement tient plus de l'aristocratique que de tout autre : le grand-maître en est le chef, mais la suprême autorité réside dans le chapitre général établi dès l'origine de cet ordre pour décider des armements, remédier aux abus publics et particuliers, réformer d'anciens statuts et en faire de nouveaux. Ces assemblées se tenaient régulièrement tous les cinq ans; mais dans la suite, on ne les assembla plus que tous les dix ans, et depuis un siècle on n'en a plus tenu aucune; le grand-maître seul est devenu l'arbitre suprême.

[*Le passage parallèle concernant Alger manque.*]

On pourrait terminer ce tableau comparatif des deux états par une observation qui est à l'avantage des Algériens. Tandis que l'ordre de Malte s'est éloigné de l'esprit de son institution et que la république chrétienne a bien peu à se louer des efforts qu'il fait pour la protéger, l'ogeac au contraire n'est occupé qu'à faire triompher le nom musulman, et il impose un tribut plus ou moins fort à toutes les puissances chrétiennes, qui recherchent son amitié.

Redevances payées à Alger

La Hollande, tous les ans 10,000 sequins barbaresques employés en marchandises désignées dont le prix est convenu : planches, poudre, boulets, cordages, etc., et tous les deux ans un présent consulaire en montres, bagues, caftans, draps, montant à 30,000 livres au moins.

Le Danemark, tous les ans 10,000 sequins barbaresques employés en marchandises demandées dont le prix est expressément arrêté. A la réception, il y a cependant toujours quelques difficultés sur la beauté, la grosseur, etc., des effets expédiés, et il faut s'attendre à des rabais avantageux pour Alger. Tous les deux ans, des présents consulaires en bijoux, bagues, drap d'or et drap évalués au moins à 30,000 livres.

Venise, toujours 10,000 sequins algériens payés en espèces sonnantes, et tous les deux ans un présent consulaire comme ci-dessus. La République avait voulu se dispenser de cette dernière redevance fondée sur son traité; mais lorsque Baba Muhammed monta sur le trône d'Alger, il déchira le traité, et après l'avoir obligée à acheter la paix pour 30,000 sequins algériens, il inséra cette clause dans le traité.

La Suède, tous les deux ans des présents consulaires en bijoux, etc., évalués au moins à 30,000 francs; par égard à son alliance avec le Grand Seigneur, elle est dispensée du tribut annuel que payent les autres puissances du Nord (1).

L'Angleterre, un présent consulaire tous les cinq ans au changement du consul, et des petits arrosages annuels.

La Compagnie d'Afrique, une redevance annuelle pour la pêche du corail.

Les beys et les caïds, etc.

Tunis, un chargement d'huile de 250 jarres, 50 de mantegues, 20 de savon liquide et des présents pour les grands consistant en fès ou calottes rouges, selles brodées, palascas *idem*, châles superfins de Gerbi, essence de rose, etc., le tout pouvant monter à 150,000 livres (2).

La France, un présent consulaire tous les six ou sept ans à un changement de consul, indépendamment de quelques petits présents d'amitié et donnés en reconnaissance. Elle aussi paye son tribut annuel à Alger. Tous les ans la chambre de commerce de Marseille envoie dans le mois de janvier un présent en pommes, en châtaignes, en poires, en confitures, en anchois, en sirops, qui monte à 6 ou 7,000 livres. Ces objets se distri-

---

(1) On lit ailleurs (f. 120) : « Tous les deux ans les présents consulaires pour Venise, le Danemark, la Hollande et la Suède montaient ci-devant à 25,000 livres et aujourd'hui à 50,000 livres environ ». Cf. p. 144.

(2) On lit ailleurs (f. 151) : « Tunis envoie tous les ans un tribut à Alger, consistant en 200 jarres d'huile et 50 jarres de savon; mais en outre il envoie en présent aux grands de l'ogeac, des bernus, des barracans, des palascas, de l'essence de rose, des fes ou calottes rouges, des châles de Girbé et autres choses, quelques jarres d'huile et du savon pour leur usage. On peut estimer le tout à 50,000 écus ».

buent à plus de 60 personnes qui composent les grands et les petits officiers du gouvernement d'Alger. Chacun a sa portion relativement à son grade et à son état, et cette redevance est tellement liée à la place d'un chacun que personne ne remercie de ce qu'il reçoit et fait éclater sa mauvaise humeur lorsqu'il pense qu'on ne lui a pas fait son droit (1). On ne voit à Alger d'un bout de l'année à l'autre que des usages et des manières qui affligent l'amour-propre. Au reste toutes ces redevances ou, si on veut se servir d'un mot plus honnête, toutes ces prévenances ne produisent aucun bon effet pour les affaires, et elles ne s'accommodent, même les plus injustes, qu'à beaux deniers comptants.

La maison française qui est à Alger fait aussi la même redevance, et plus généralement encore : elle donne le double du consulat, car il n'y a personne dans la ville, avec quelque titre, qui ne reçoive son présent. Plus de 200 personnes ont leur portion de ce présent.

La France a été obligée de payer les dettes des marchands français qui avaient failli à Alger : en 1777, elle a payé 30,000 sequins, 300,000 livres, pour M. Crest, et ensuite 10,000 livres en 1783 pour M. Gourdan.

Les Anglais sont en usage, à l'avènement d'un roi sur le trône ou bien d'un dey, d'envoyer à Alger un chef d'escadre avec des présents en bijoux, en draps, en étoffes et en munitions de guerre. Ils ont coutume de changer leur consul tous les quatre ou cinq ans, et à chaque changement ils donnent comme les autres un présent. Les Algériens semblent avoir un peu d'égards pour eux à cause de leur peu d'affaires dans la Méditerranée et de leur disposition à n'obéir plus.

(1) On lit ailleurs (f. 120) : « Les présents sont pour les grands, le dey à la tête, en draps, caftan d'or, montre à répétition garnie en diamant ; pour les petits officiers et raïs du beilik, en deux aunes et 1/8 de drap, quatre pics ».

Consuls. — La maison des consuls n'est point distinguée à Alger par le pavillon; en campagne on leur permet de l'aborer.

La prééminence [sur les autres consuls, concédée par traité à celui de France] est peu de chose : cependant le consul de France est toujours distingué un peu plus que les autres. Les consuls de toutes les nations sont ici regardés comme des otages, et dans le fait ils sont esclaves, n'étant point les maîtres d'aller en rade sans permission; ils ne peuvent point porter d'épée ni en ville ni chez le dey; cela n'est permis qu'aux officiers des frégates qui descendent à terre ainsi qu'à leurs officiers. Les consuls sont reçus debout sur leurs jambes soit chez le dey, soit chez le khrasnagi, le trésorier de l'ogeac qui fait ici l'office de premier ministre. Le divan leur donne un drogman turc tiré du corps des raïs ou des cogeas; ce drogman est toujours dévoué aux intérêts du dey et des grands qui lui ôteraient sa place au moindre mécontentement. Il n'accompagne le consul que dans les visites d'étiquette ou d'affaires. Aucun janissaire n'est à leur porte, comme cela est établi partout ailleurs dans la Barbarie et le Levant. Cette prééminence stipulée en faveur du consul de France ne lui vaudrait peut-être d'autre avantage que celui d'être fait esclave s'il survenait quelque rupture entre la France et la Régence. Le dey a coutume dans pareil cas de renvoyer les autres consuls.

Lorsqu'un vaisseau du roi mouille dans la rade d'Alger, on met les esclaves à la chaîne parce qu'il a le droit de les sauver s'ils se réfugient à son bord. Les Français seuls ont ce privilège (1). Les autres vaisseaux de guerre, de quelque nation qu'ils soient, ne peuvent sauver les esclaves; aussi ils restent libres et sans chaîne. On verrait avec peine à Alger qu'une frégate

(1) Il est dit ailleurs que ce privilège est commun aux Français et aux Anglais; voir p. 156.

française mouillât trop près du port dans la crainte que quelque esclave ne trouvât le moyen d'y aller à la nage. Les commandants des vaisseaux du Roi jouissent aussi à Alger d'un autre privilège : à leur départ, lorsqu'ils se rendent d'Alger à leur bord, le fort les salue de cinq coups de canon qu'ils ne sont point tenus de rendre. Tous les autres pavillons doivent encore ce salut.

Présents consulaires. — Ce fut sous le règne de Baba Ali que s'établirent les présents consulaires, que Venise, la Suède, le Danemark et la Hollande doivent faire tous les deux ans. La France, l'Angleterre et l'Espagne en sont exemptes, et ces trois puissances n'en donnent qu'à un changement de consul ; mais si le même consul faisait une trop longue résidence, il y aurait probablement quelque chicane de la part du gouvernement.

Ces présents consulaires consistent pour le dey, le khrasnagi, l'aga, le cogea des chevaux et le vekil khradj de la marine en une montre à répétition enrichie de diamants, une bague de prix, un caftan de brocard d'or des plus riches et des plus pesants et une belle pièce de toile de 24 pics. Les quatre écrivains et les deux cuisiniers ont deux montres à répétition. Les vekil khradj de la laine et des cuirs, le beit ulmalgi, le capitaine de port, l'amiral, les raïs en place, les bach chiaoux, les drogmans des maisons consulaires et autres ont qui seize pics de beau drap, qui huit, qui quatre. Ces présents coûtaient ci-devant 25 à 28 mille livres, mais ils augmentent chaque année. Outre ces présents, il y a aussi une redevance annuelle de 10,000 sequins algériens pour le Danemark, la Hollande et Venise. Venise paye en argent comptant ; les deux autres payent en objets demandés, et c'est un sujet intarissable de dégoût (1). Ce sont des

(1) On lit ailleurs (f. 97) : « Quelqu'un a fort bien dit : C'est ici l'écueil où vient se briser l'orgueil des princes chrétiens. La divinité qu'on encense en Europe sous le nom d'intérêt du commerce leur fait souffrir mille humiliations ».

munitions navales de toute espèce qui, outre le premier coût, coûtent l'expédition d'une frégate et le frêt d'un navire marchand.

En 1788, la République de Venise a dépensé pour ses présents consulaires une somme de 10,000 mahboubs. Ces présents, en bijoux et en étoffes, imposés à diverses nations chrétiennes augmentent toutes les années. Autrefois, ils montaient à 20,000 livres, puis ils ont été à 30,000 et ils n'auront bientôt plus de bornes. Les Algériens en recevant ces bijoux n'en estiment jamais la façon, et ils calculent sur le prix des diamants et sur l'or qui a été employé. Lorsqu'ils ne sont pas contents, le consul est obligé d'en présenter un autre. La Suède a eu le bonheur d'abonner ces présents consulaires pour de l'argent comptant, et cela lui évite beaucoup d'embarras ; elle en est quitte pour 28,000 livres. Venise, en 1787 et 1788, a donné à la Régence, outre le tribut et les présents, plus de 250,000 livres, soit pour des bâtiments pris avec un passeport un peu plus court, soit pour la protection qu'elle lui a accordée contre les Tunisiens en faisant restituer par ces derniers un bâtiment vénitien pris sur les côtes d'Alger.

Revenu fixe

Le bey de Constantine envoie deux fois par an son khalife à Alger et chaque fois il porte en piastres courantes de 3 lb. 7 1/2, les deux fois en mai et septembre . . . . P.	80.000
De plus, chaque mois il est tenu d'envoyer 4,000 piastres, prélevées les deux fois que le khalife vient et qui sont comprises dans le tribut qu'il porte, partant 10 mois à 4,000 p. .	40.000
	120.000

Tous les trois ans le bey de Constantine est

obligé de venir lui-même à Alger ; il vient dans le mois de mai et il porte quelquefois 50 mules et quelquefois 60 mules de 2000 piastres *(sic)* chacune. 20.000

Outre cela il donne chaque an 600 caffis de blé au beilik à 30 piastres le caffis. 18.000

Il est encore obligé d'envoyer au beilik par son khalife et quand il vient lui-même des bœufs, des moutons, des chameaux, des chevaux, des mules, des étoffes de laine pour faire des capotes pour les esclaves et les soldats, ce qu'on peut estimer à peu près. . . . 50.000

Son voyage lui coûte un million au moins, 100,000 sequins algériens sans compter les frais. Non seulement il est obligé de donner des sommes considérables au dey et aux grands officiers, mais même à tout ce qui est en place, grande ou petite, ainsi qu'à toute la milice, aux esclaves et au peuple. Les présents pour les grands sont en argent comptant, en bijoux, étoffes, chevaux, esclaves noirs, etc. La raison de ces présents n'est point injuste : le bey de Constantine, ainsi que toutes les personnes en place, prennent le bail au même taux qu'il a été réglé dans les principes de la république, mais quelle disproportion aujourd'hui entre la valeur intrinsèque des productions ! Par cet arrangement les dépenses et les revenus du [dey] sont invariables, et les personnes en place trouvent dans ces présents de quoi soutenir leur rang et leur maison. Cela dispense d'une augmentation d'appointements.

Redevance du bey du Ponant ou du gouvernement de Mascara. — 140,000 pataques chiques évaluées à 22d 1/2 environ, piastres courantes 40.000

payables, savoir par son khalife en mai 14,000 pataques chiques, en septembre 14,000 p. ch. portées par 7 mules avec un sac de 2,000 pataques chacune ; les dix autres mois 20,000 p. ch. payables par son vekil d'Alger, en tout 200,000. Il paye le tiers en argent que paye le bey de Constantine.

Tous les trois ans lorsqu'il vient lui-même en septembre sa redevance est de 60 mules chargées de 2,000 p. ch. chacune, ce qui fait par an environ	40.000
Il donne presque autant que le bey de Constantine.	
Garame de 10,000 mesures de blé à 2 piastres environ	20.000
	110.000
Cent quintaux de cire valant entre les mains du beilik à 163 pat. le quintal 160,000.	53.000
Redevance en chevaux, chameaux, bœufs et moutons, et en esclaves d'Horan, ils en ont tous les ans 60. Chaque fois que le khalife vient il porte un esclave par mule d'argent, 20 par an (1)	120.000
Redevance pécuniaire du bey de Titeri ou du gouvernement du midi en mai et en septembre par son khalife.	50.000

On doit remarquer que, quoique cette redevance soit plus forte que celle du bey de Constantine, les objets qu'il donne n'ont pas pour lui la valeur que nous leur donnons ici. La cire ne lui coûte pas 50 pataques, le blé ne lui revient pas un demi-sequin algérien la mesure ; l'esclave d'Horan ne lui coûte rien,

(1) Ailleurs (f° 136) : Cette redevance est évaluée à : 1° 140,000 pat. ch. ; 2° 10,000 mesures de blé, 60,000 p. ch. ; 3° cent quintaux de cire, 160,000.

mais cet esclave vaut entre les mains du beilik au moins 500 sequins algériens. En 1788, lorsque le bey de Mascara s'est rendu à Alger, il a fait présent de 60 esclaves chrétiens au beilik, outre ceux qu'il a donnés aux grands.

Le bey de Titeri, résidant à Mehedié, vient aussi tous les trois ans à Alger pour faire ses présents. Lorsqu'il vient il mène avec lui par son khalife tous les six *(sic)* 14,000 p. ch. et pour les 10 mois 2,000 p. ch., 20,000 pour les 10 mois. 16.000

Et lorsqu'il vient lui-même en mai tous les 3 ans, il porte 2,800 p. ch. 1.000

Redevance des six caïderies du district d'Alger, excepté le caïd du Sebaou, qui ne paye sa redevance qu'en huile et en figues. Il a la même manière (?) que les beys dans son gouvernement. 50.000

Par les marchés forains. 12.000

Le tribut des juifs, 150 piastres, payables par leur caïd à 500 pataques par semaine, 24,000 pataques par an. 8.000

Les juifs font en outre quelques présents au dey et aux grands aux deux baïrams, consistant en épiceries ; en 25 sequins algériens au dey à chacune de ces fêtes. Cet objet est évalué à 5,000 livres, de sorte que leur tribut annuel est de 30,000 livres environ. Chacun paye à proportion : le juif pauvre paye 10 fr. et le juif riche 3 ou 400 livres (1).

La ville paye 200 piastres (700 p. ch.) par semaine par les mains du *cheikh el-beled*, qui est toujours un Maure. Ce droit est assis sur les boutiques et les métiers ; les maisons ne payent rien (2) 11.200

(1) Cf. p. 161.
(2) Cf. *ibid.*

Les métairies du beilik, régie qui est entre les mains du cogea des chevaux, chargé aussi de vendre tous les animaux qui ne sont pas nécessaires au beilik. 12.000

Le cogea des chevaux régit ces biens moyennant un droit (?) ; son droit est *(blanc)*. Le droit sur les jardins n'a rien de réglé ; il y a des jardins qui ne payent que 4 mezounes ; celui de [*illisible*] d'autres un sequin, d'autres 14, 15 le plus, d'après les anciens tarifs. C'est un cogea qui en a la régie ; il a ses chaouchs maures pour la perception (1).

La ferme des cuirs venant de la campagne entre les mains d'un codgea qui paye au gouvernement 1,000 piastres par mois. 12.000

Dans cette ferme ne sont point compris tous les bœufs, 40,000 cuirs par an, qui se tuent en ville, dont les cuirs sont pour le beilik qui en fait des semelles pour la milice.

La douane sur les plumes d'autruche, sur l'escayolle, le tabac, la laine et un droit de sortie pour les animaux chargés, affermée au caïd des juifs, qui est autorisé à percevoir 2 0/0 sur le prix de l'achat et 10 mezounes par charge d'animaux à la sortie de la ville. . . . 1.200

La revente de la cire par le beilik, auquel les particuliers sont obligés de l'apporter et qui la leur paye à 62 pataques, prélevés les cent quintaux du bey de Mascara passés ci-dessus. [*blanc*] . . . .

La douane d'entrée évaluée environ. . . . 50.000

C'est le khrasnagi qui fait la douane et c'est le grand écrivain qui fait le prix. La douane de sortie est sur un peu de vermillon de Mascara, qui paye demi-sequin le quintal ; le vermillon

(1) Cf. p. 161.

va à Tunis ; les baracans à tant le quintal. C'est un droit presque mangé par les écrivains. . . 2.000

La douane du sel, régie par un codgea; le beilik l'achète à une pataque la mesure (la mesure est de 2 quintaux de Marseille) et il le revend à 2. 4.000

La dîme de la Compagnie du Bastion de France en argent payable 18,045 piastres tous les deux ans. 10.400

En corail, deux caisses par an, 10.000 lb. . 3.000

Plus ces avaids tous les dix ans : 2,000 piastres au bey, 1,300 piastres aux grands écrivains. En outre des caftans en étoffes d'or et en drap au dey, aux codgeas et autres grands. C'est un objet [*illisible*] de 14,000 livres environ. Plus, tous les ans, un *avaïd* en châtaignes et pommes. La redevance du *mezouar* maure pour les filles de joie, qui paye au beilik 40 sequins tous les deux mois, indépendamment d'une redevance une fois donnée en présent au dey ou au beilik. Il est obligé d'entretenir ses sbires et de faire la ronde la nuit. 500

Divers emplois qui se vendent, tels que les codgeas pour le service de terre, qui sont obligés de donner 1,000 pataques chiques pour avoir une place ou exercice. 3.000

Le peseur du roi qui retire des droits sur tout ce qui se vend. C'est régi par un codgea. La soie paye 1 s. 1/2 la livre, le fer 4 sols le quintal, les figues 1 sol, les fruits secs [*blanc*]. Ce droit peut être évalué. 5.000

Le *beit ulmalgi*, toujours un Turc non marié, qui retire les droits d'aubaine ; il donne au beilik 170 piastres par semaine, les bijoux et l'argent non compris parce qu'il doit les remettre en nature au beilik. Le beit ulmalgi prend toutes les hardes, les meubles, les maisons, les chevaux des particuliers mais non des grands. 9.000

L'écrivain du charbon retire 1 sol sur chaque charge de charbon et de bois, 2 1/2 par tête de bœuf qui entre et 1 sol par tête de mouton. Pour entrer toutes ces choses en ville, il faut un *tezkiret* du codgea ; pour les moutons et les bœufs il faut deux *tezkirets*, un du codgea du charbon et l'autre du codgea des cuirs.

L'écrivain de la *rahba*, 2 0/0 sur tout ce qui se vend en ville de blé, d'orge et de légumes.

Le codgea des *zevailes*, qui retire 7 mezounes 20 sur les mules et les chevaux qui se vendent en ville et sur les ânes 10 (*sic*).

Les maisons et boutiques appartenant au beilik ; c'est le grand écrivain *mukataagi* qui tient le compte des loyers et qui le paye au dey. Le bey en a fait fabriquer cinq ou six pour son compte. Le maçon n'est payé par le beilik qu'à raison de 5 sols, les esclaves, les mules, la terre, les briques, la chaux, tout cela ne lui coûte presque rien. La maison d'Hollande est une des maisons qu'a fait bâtir le dey ; elle paye 1000 livres ; c'est le plus haut loyer qu'on paye à Alger. Les cinq maisons qu'il a fait faire rendent 5000 livres.

Les maisons des grands, les jardins et les métairies appartenant aux grands reviennent au beilik quand elles ne sont pas [*illisible*] ; c'est un très gros article.

Les esclaves qu'il loue aux Européens et aux particuliers à un demi-sequin algérien par mois.

Sa portion aux droits que l'aschi bachi retire sur le vin, l'eau-de-vie, les liqueurs et les figues. Un tonneau de vin fait à Alger ou qui vient par mer paye 6 piastres, un tonneau d'eau-de-vie [*blanc*], les figues sèches pour faire du boukha, 18 sols par charge de chameau et 9 sols par charge de mule.

Les anaiges (*sic*).

A Bône, on mesure à *caffis;* le caffis est de 15 mesures

pour le beilik et de 14 mesures pour tout autre. Le bey de Constantine paye 6,000 caffis de garame au beilik. Le bey de Maasker paye annuellement au beilik 10,000 mesures de garame. Les bâtiments qui vont charger à Arzeu et autres endroits de la côte sont obligés de venir à Alger prendre le *teskéré* et un pilote ; le pilote se paye 10 sequins algériens. L'ancrage des bâtiments étrangers est de deux et même trois sequins plus fort que celui des Français. Les bâtiments de la Compagnie vont de Marseille en droiture à Bône et ne sont pas tenus de payer le droit de pilotage. La maison française établie à Alger fait aussi venir en droiture ses bâtiments de Marseille lorsqu'elle fait des affaires en grains avec le bey de Maasker.

Dans le district d'Alger les particuliers qui ensemencent sont obligés de donner une certaine quantité de mesures de blé ou d'orge par chaque paire de bœufs qu'ils employent au labourage (1).

Tous les trois ans, les beys de Constantine, de Maasker et de Titeri sont obligés de se rendre en personne à Alger. Le bey de Titeri, comme le premier gouvernement établi, a le pas sur les autres ; vient ensuite le bey de Maasker, puis celui de Constantine. Tous les six mois, leurs khalifes viennent à Alger porter le tribut.

Les beys en se rendant à Alger vont faire leur dernière couchée à une petite distance de la porte de Bab-Azoun. Le lendemain la musique du dey, le khrasnagi et les gens du divan vont le prendre en pompe et le conduisent chez le dey. Le bey et le khrasnagi ont seuls le privilège de descendre de cheval dans la cour du dey. Après la visite, on le conduit dans la maison destinée à loger les beys, qui est fort proche de la *casa d'elre*. Le bey de Maasker se rend à Alger à la fin d'octobre, les deux autres dans le mois de mai.

Le bey de Maâsker est arrivé à Alger le 24 octobre,

(1) Cf. p. 162.

et les deux khalifes de Constantine et de Titeri sont aussi arrivés quelques jours après lui (1). Le bey de Mascara se nomme Muhammed; il est fils d'une négresse et d'un bey de Mascara qui fut tué dans une guerre contre les Cabaïlis. L'aga, généralissime des troupes lorsqu'elles sont en campagne, a été la veille au devant de lui. Le bey a campé à trois quarts de lieue de Bab-Azoun sur le bord de la mer dans une plage peu éloignée de l'endroit où les Espagnols ont fait leur descente infortunée. Le lendemain à 7 heures du matin, le khrasnagi, l'aga, le vekil khradj de la marine accompagnés de la musique du dey ont été pour lui faire compliment et le conduire chez le dey. En attendant l'arrivée de ces puissances, les sipahis d'Alger faisaient des évolutions militaires devant le bey, qui était au devant de sa tente. Cet exercice consiste à courir à bride abattue en faisant des décharges de mousqueterie. Lorsque le khrasnagi, etc., s'est approché, le bey est monté à cheval et est allé au devant de lui à deux cents pas; lorsqu'il a été près, il est descendu de cheval, ainsi que le khrasnagi et les autres, et ils se sont fait l'accolade; ensuite de quoi, ils sont remontés à cheval et ont été s'asseoir sur des tapis posés au devant de la tente du bey, où on leur a servi du café. En même temps les soixante mules qui portaient le tribut ont commencé à défiler, ayant chacune sur sa barde un sac de 2,000 piastres; elles étaient suivies des chevaux d'usage que le bey doit donner au beilik et des chevaux qu'il doit donner en présent aux grands de la Régence. Les chevaux et les mules étaient précédés de trente ou

(1) On lit ailleurs (f. 158) : « Le bey de Mascara a fait son entrée le 25, samedi 1788 [*sic*] ; il a porté 120,000 pataques chiques pour le deilik, soixante mules, soixante chevaux et soixante esclaves d'Horan. Ce bey vient tous les trois ans et toujours en automne. Le tribut ordinaire n'est pour lui que de 100,000 pataques chiques, mais il y en avait dix pour son fils. Le bey de Constantine vient toujours dans le printemps, et il porte 100,000 piastres. Ces piastres sont par sacs de 2,000 piastres chargées sur une mule. »

quarante négrillons et négresses, destinés à des présents aux grands, montés sur des ânes ou des mules, et de quatre-vingts esclaves chrétiens d'Horan marchant à pied, dont soixante pour la Régence et vingt pour les grands; ensuite de quoi, le bey et le cortège du divan sont montés à cheval, le bey au milieu, le khrasnagi à la droite et l'aga à la gauche, et suivis de la musique et de toute la cavalerie, ils se sont mis en marche. Le bey distribue de l'argent au peuple en marchant; il va en droiture descendre dans la maison du dey : lui et le khrasnagi entrent à cheval, l'aga et le vekil khradj descendent à la porte. Le bey s'avance, baise les mains du dey qui lui fait la bienvenue et qui le fait revêtir d'un caftan. Trois jours après, il le revêt d'un autre caftan. Il passe huit jours à Alger; le voyage lui coûte un million sans compter la garame en argent, en mules, chevaux et mulets.

Teskerés de provisions. — Les navires marchands obtiennent du gouvernement un *teskeré* pour les provisions de l'équipage, et voici en quoi elles consistent par gopel [?] particulière : quelques moutons ; 6 quintaux de biscuit ; 4 quintaux de couscoussou ; 4 quintaux de saumoule ; 4 couffés d'huile, des poules, des œufs et des herbages tant qu'ils en veulent. Ce même teskeré, s'ils ont l'adresse de s'entendre avec le cogea régisseur de la douane, peut leur servir à faire une ample pacotille, et surtout en huile : tout étant à très bon compte à Alger, il y a un très gros bénéfice à passer des denrées au prix du marché.

Les vaisseaux du Roy qui abordent à Alger reçoivent un présent en rafraîchissements de la part du gouvernement, consistant en 3 bœufs, 6 moutons, poules, œufs, herbages et fruits, en retour duquel ils font présent aux bateaux qui les portent à bord de [... *sic*]. Les provisions dont ils peuvent avoir besoin pour leur bord passent sans teskeré; mais il ne faudrait pas que les commandants abusassent de ce privilège, car le gouvernement est extraordinairement vigilant et jamais distrait sur le compte de la police et des règles.

Lois somptuaires. — Il y a à Alger des lois somptuaires très sévères. Les Maures ne peuvent porter de l'or sur leurs habits ni aucune espèce d'armes. Les gens de paye ont seuls le privilège d'être armés et d'avoir des broderies sur leurs vêtements.

Les juifs doivent être vêtus de noir depuis la tête jusqu'aux pieds, et il ne leur est pas même permis d'avoir des ceintures de soie rouge ou d'une couleur voyante. Le 13 décembre 1788, on arrêta tous les juifs qui avaient oublié cette défense et on leur fit donner 300 coups de bâton sur la plante des pieds, dans la maison du dey. Leur coiffure est un bonnet noir autour duquel ils ceignent un mouchoir blanc ou noir, soit en fil soit en soie.

Il y a aussi des lois de police pour les Européens établis à Alger : aucun d'eux ne peut porter l'épée, et la seule condescendance qu'on ait pour eux est de leur laisser la canne. Cette ordonnance ne regarde cependant pas les commandants des vaisseaux du Roy, ni les gens de considération expédiés pour traiter quelque affaire : ils gardent leur épée et entrent ainsi dans la maison du gouvernement ; ils sont aussi dispensés de baiser la main du dey, ce à quoi un consul établi dans le pays et tout autre Européen est tenu.

Il y a eu plusieurs consuls anglais, entre autres M. Brington, qui a voulu garder son épée ; il se promenait l'épée au côté dans la ville. Mais il ne put jamais avoir audience du dey. Ce consul mourut d'hydropisie à Alger trois ou quatre mois après son arrivée ; peut-être tout autre consul aurait essuyé pour cela d'autres désagréments, car la nation anglaise paraît jouir dans l'esprit des Algériens de plus de considération que toute autre, tant à cause de la crainte qu'ils ont de leurs vaisseaux que par le peu de moyens que les corsaires ont de leur nuire. Ils sentent que la France a plus de moyens de leur faire du mal, mais ils sont persuadés que l'intérêt de son commerce et le grand nombre de bâtiments qu'elle a dans la Méditerranée l'obligent à souffrir les petites injustices qu'ils se permettent contre elle de temps en temps.

Les frégates anglaises et françaises ont seules le droit de sauver les esclaves qui se réfugient à leur bord ; ce privilège n'est accordé à aucune autre nation (1). Mais il est fort gênant, car il faut qu'elles mouillent très loin de la ville, et jamais elles ne le sont trop au gré du *vekil khradj*, intendant de la marine. Quelques petites discussions que les Anglais ont eues à ce sujet font que leurs frégates se dispensent autant qu'elles peuvent de mouiller ; elles se tiennent à la voile, remettent leur paquet pour le consul et attendent même ainsi la réponse.

Les Anglais avaient par leur traité le privilège exclusif à tout autre d'affranchir les gens de leur nation qui désertaient d'Horan. Depuis la prise de Mahon on les en a privés, et les Anglais restent esclaves. On pourrait ici faire une observation très juste ; c'est que les traités faits avec les Algériens lient les puissances européennes, mais ils ne les lient jamais eux-mêmes. Lorsqu'il y a quelque chose qui les embarrasse, ils s'en affranchissent, et lorsqu'on veut argumenter contre eux d'après les clauses du traité, ils répondent : « Celui qui a signé un pareil traité n'est pas un saint, et on peut légitimement revenir du tort qu'il a fait au beilik par une stipulation irréfléchie. D'ailleurs si cela vous déplaît, la porte est ouverte, et vous pouvez vous embarquer ». Ce raisonnement péremptoire ferme ordinairement la bouche des consuls et coupe court à leurs réclamations (2).

---

(1) Cf. p. 143.
(2) Cf. p. 111.

Pour revenir aux lois de police en usage à Alger, tou le monde doit être retiré chez soi une heure et demie après le coucher du soleil, temps auquel on fait la dernière prière, qu'on nomme *salat el-âcha*. Tout homme serait arrêté après cette heure-là s'il était rencontré dans la ville sans fanal, et même ce fanal n'est guère un passavant que pour des médecins, des chirurgiens ou des gens connus. Les Européens ont cependant la liberté de marcher avec un fanal à toute heure de la nuit et c'est le moment le plus opportun pour se réunir entre eux. Dans le jour on rencontre des gens de paye qui peuvent vous insulter impunément et qui au moins prennent le haut du pavé et vous font marcher dans la boue.

Mosquées et écoles: — Il y a à Alger douze grandes mosquées avec chaires et minarets et beaucoup de *mesgïd*. La principale est desservie par les sectateurs de Malek-ben Anas; on la nomme *Djamî el-kebir*. C'est là où les deux muftis et les deux cadis s'assemblent le jeudi pour juger les causes importantes qui n'ont pu être décidées au mehkémé, et partager les héritages : cette assemblée se nomme *medglis el-cherif*. Les musulmans sont jugés dans la mosquée; mais lorsqu'un d'eux a un procès avec un juif ou un chrétien, alors les quatre juges sortent dans une cour attenante à la mosquée, et les plaideurs s'y présentent. Le mardi est un jour de congé pour les mehkmés et pour le gouvernement; les grands passent ce jour de délassement dans leurs maisons de campagne.

Les minarets des mosquées paroissiales, c'est-à-dire avec minarets et *koubbés*, ont un petit pavillon blanc qu'on arbore à toutes les heures canoniques où le muezzin appelle le peuple à la prière et qui s'abaisse lorsqu'il a cessé de crier; mais à l'heure du midi, il reste arboré depuis midi jusqu'à une heure et demie précise que finit l'heure canonique de la prière de ce moment du jour. C'est un usage particulier d'Alger. Une heure et demie après-midi s'appelle *bandiera bassa* : c'est le moment où on fait donner la bastonnade dans la maison du dey et où on appelle ordinairement les Européens lorsqu'on a quelque affaire à traiter avec eux. *Bandiera arriva* signifie l'heure du midi. Les mosquées arborent pavillon vert le vendredi depuis onze (*sic*) heures jusqu'à onze heures, et à onze heures et demie, elles arborent pavillon blanc.

Il y a trois universités où l'on enseigne la doctrine de Malek ben Anas.

Prisons. — Les prisons à Alger ne sont qu'un entrepôt, en attendant le jugement qui doit être prononcé peu d'heures après. On mène un joldach qui aura commis une faute dans la maison du janissaire aga, nommé communément l'aga des deux lunes, et il y est bâtonné ou étranglé. Pour le dernier supplice, c'est ordinairement la nuit. On fait les exécutions dans un appartement à plein pied, qu'on nomme *sirkagi odasi*, la chambre du distributeur du vinaigre, probablement à cause du vinaigre et du sel qu'on applique sur la partie meurtrie de celui qui a reçu la bastonnade. Il y a bien peu de joldachs qui n'aient visité la maison de l'aga des deux lunes.

Outre la prison de l'aga des janissaires, qui n'est que pour les gens de paye seulement, le dey a une prison dans l'hôtel du gouvernement, où on entrepose ceux des Maures, des juifs ou des chrétiens qui ont commis quelque faute en attendant le jugement qui ne tarde pas à être prononcé, et les juifs qui ont mérité la mort sont brûlés. Le châtiment réservé pour eux est le feu, le décollement, la pendaison et les crocs, et le dernier supplice pour les femmes est d'être noyées. Les juifs qui méritent la mort sont toujours brûlés, et c'est à Bab-el-Wad qu'on dresse le bûcher. C'est là aussi le lieu du supplice pour les chrétiens ; il est à Bab-Azoun pour les Maures. Ceux-ci, de même que les chrétiens, ont la tête coupée ou sont pendus ; les crocs ne sont que pour les Maures dans des cas très graves. Ils sont aux deux côtés de la porte de Bab-Azoun attachés aux remparts ; on y jette le coupable, qui y reste accroché par un membre, et il y expire dans des supplices affreux. Le dey actuel a peu souvent condamné à un pareil supplice. Les sbires du Mezouar sont chargés de pendre, de brûler, de jeter sur les crocs et de noyer. Quand il s'agit de couper la tête, l'exécution se fait devant la porte de l'hôtel du gouvernement, et c'est un des joldachs neubetgis de la porte qui fait l'exécution. Nul Turc ne se fait une honte de couper la tête, mais il est honteux pour lui de pendre un homme, d'étrangler et de noyer. Les femmes musulmanes surprises avec des chrétiens sont condamnés à être noyées. Les esclaves sont pendus à la porte du bagne du beilik.

Le *mezouar* chargé d'une patrouille de nuit, le caïd des Zewavis chargés aussi d'une patrouille nocturne ont une prison pour entreposer ceux qu'ils prennent commettant quelque faute ou marchant après l'*acha* sans lumière. Tous ceux qui entrent en prison sont obligés de payer suivant la faute qu'ils ont commise ; mais si le cas est grave, l'affaire doit aller devant le dey.

La patrouille pour les Maures a le Mezouar à sa tête ; ce mezouar a le district des putains et des concubines. Il a sous lui un lieutenant qu'on nomme *bach jassakgi ;* ce mezouar, de même que le *bach jassakgi*, est un Maure du pays. Le premier afferme sa place pour [blanc]. C'est lui qui conduit les condamnés à la potence, et au feu, si c'est un juif.

On nomme *arsi* les valets du mezouar, lieutenant de police de nuit et chargé des exécutions. Il a aussi l'inspection directe sur les filles publiques, dont il tient un rôle; elles lui payent une certaine somme chaque lune pour faire paisiblement leur métier avec les Maures et les Turcs ; mais lorsqu'elles s'en tiennent aux Turcs, elles peuvent se dispenser de payer. La place de mezouar est occupée par un Maure, et d'honnêtes gens la dédaignent; à plus forte raison ses valets sont-ils méprisés; autrefois, on ne les enterrait point dans le cimetière des autres musulmans et on les mettait à part. A présent, on ne fait point cette distinction avilissante; mais dans l'opinion commune, ils restent si flétris que c'est une injure de dire à un homme qu'il est *arsi;* c'est presque synonyme de maquereau.

Bourreaux. — La profession de bourreau n'est à Alger ni une profession particulière, ni une profession infâme. Lorsqu'un Arabe est condamné à avoir la tête coupée, on le mène devant une très petite place qui est devant la maison du dey, et un des neubetgis de la porte lui coupe le cou. Lorsqu'il s'agit de le pendre, un des sbires du mezouar lui attache la corde au cou ou il le fait faire par le premier juif ou chrétien qui passe. Les Turcs levantins se font difficulté de pendre ou d'étrangler, mais chacun d'eux se mêle sans répugnance de donner des coups de bâton ou de trancher la tête.

Il y a trois lieux d'immunité à Alger : ce sont le *zavié* de Sidi Abdul-Rahman dans le faubourg de Bab-el-Wad, à gauche, en sortant sur une hauteur; le *zavié* de Sidi Abd el-Cadir, hors de la porte de Bab-Azoun. C'est là où se réfugient les Turcs qui ont commis quelque meurtre; de là ils gagnent quelqu'un des camps qui sont dehors. Le troisième zavié est celui de Dedé Weli, qui annonça la tempête qui fit périr la flotte de Charles-Quint. Un criminel qui se réfugie dans ces zaviés ne peut en être retiré de force, Turc, Maure, juif et chrétien. Seulement lorsque le gouvernement prend un intérêt particulier à la mort du coupable, il met à la porte du *zavié* des gardes qui empêchent qu'on ne lui donne à boire et à manger, et la faim l'oblige de se remettre de lui-même entre les mains de la justice.

Officiers de police. — Il y a à Alger un officier qui juge toutes les querelles entre Turcs, Maures, Juifs, Chrétiens, où il y a eu du sang répandu, une égratignure, etc. C'est le *gerrah bachi* ou le premier chirurgien; il doit être Coulogli ou Turc. C'est une place de conséquence et qui enrichit celui qui la fait, à cause des rétributions qu'il a de ceux qui cherchent à arranger une mauvaise affaire.

Le *colgibachi* est l'officier turc qui fait la patrouille la nuit; c'est une place de confiance. Il a le droit de bâtonner les Maures et les juifs, et il le fait au milieu de la rue, ordinairement avec une corde goudronnée. Il arrête tous ceux qu'il trouve après l'*acha*, et même avec un fanal; également s'il a connaissance de l'assemblée d'une troupe de Maures dans la même maison, à l'exception des fêtes de mariage ou des cérémonies de mort, il les arrête et les fait bâtonner. Les Turcs, il les envoie à la maison du dey, qui les envoie à la maison de l'aga des deux lunes, s'il y a eu cas à la bastonnade.

Le *caïd zaubié* est le lieutenant de police chargé de la propreté des rues; c'est une place occupée par un Turc.

Impositions. — A Alger, les maisons ne payent rien; les impositions sont assises sur les boutiques et les métiers. Le *kharadj* ordinaire des juifs est de 500 livres la semaine et celui des Maures de 700. Les impositions extraordinaires sont prélevées un quart sur les juifs et les trois quarts sur les Maures. Alger est une ville de 50,000 âmes sur lesquelles il faut compter 8 à 10,000 juifs et 1,800 à 2,000 esclaves. Il est difficile de calculer la population d'une ville en Turquie et en Barbarie, parce que les femmes ne se montrent pas; mais ce qu'il y a de certain, c'est qu'Alger n'occupe pas la place qu'occuperait chez nous une ville de 30,000 âmes. Il est vrai que les rues sont extraordinairement étroites, qu'il n'y a point de places ni de jardins. Les maisons sont à deux étages, le rez-de-chaussée non compris.

Le kharadj des juifs dans l'an, y compris les impositions extraordinaires, monte à environ 30,000 livres.

Il y a un droit sur les jardins que retire le codgea des chevaux; ce droit n'est point uniforme et on suit probablement un ancien tarif. Il y a des jardins assez grands qui ne payent que 2 ou 3 sols, d'autres une piastre, d'autres demi sequin et le plus un sequin.

Les terres ensemencées payent en nature une certaine quantité de mesures pour chaque paire de bœufs employés au labourage. Ce droit n'est pas non plus uniforme: il y en a qui payent 10 0/0, d'autres 5, d'autres 15, etc.

L'homme de paye qui a des biens de terre ne paye aucun droit, et c'est pour cela que la cavalerie de l'aga ne coûte rien à entretenir. Un Maure riche a coutume d'être agrégé spahi soit par rapport à cet intérêt (?), soit par rapport à la [protection que cela lui procure].

Usages particuliers. — A Alger on déjeune à 6 heures du matin, on dîne à 9 heures et on soupe à 6 heures; pour les bourgeois et les gens de métier, le souper est le meilleur repas. Ils font rarement cuire de la viande le matin. Il n'y a pas un siècle qu'en Europe les heures des repas étaient à peu près les mêmes qu'en Orient. Le plus grand repas est toujours fini en moins d'un quart d'heure. Il est étonnant de voir ce que l'estomac d'un Turc et surtout d'un Arabe peut engloutir. Un seul homme en général mange autant que trois hommes chez nous. Ne serait-ce pas à cette quantité de nourriture qu'on doit attribuer la force de leur corps et les prodiges qu'ils font en amour? A 9 heures tout le monde est couché, et on se lève avant ou au moment que le soleil se lève. Du temps de Charles V en France, le dîner de la Cour était à 10 heures du matin, le souper à 6 heures, et elle était couchée à 10 heures en été et à 9 heures en hiver.

Tout billet privé, même attesté par deux témoins particuliers, n'est point légal et on peut le nier en justice même quand il aurait le cachet: il faut qu'ils soient faits par des notaires publics. Chaque cadi, hanefi et maleki, en a 12: ils dressent les billets et les reçus pour toutes sortes d'affaires et d'engagements. Deux signent au bas leur nom avec paraphe, et le cadi met sa *tape dabet*

Suivant la pièce, on donne aux *chahids adalet* nommés aussi *chuhoud* du cadi, demi pataque chique, une pataque, deux et plus si la chose est de conséquence et si la pièce est longue, mais ce n'est jamais plus d'un sequin. Le droit du cadi pour sa *tape* est d'une mezoune seulement. Pour les ventes des immeubles, comme il faut lire et examiner les titres pour dresser le contrat, cela se paye davantage, mais le cadi n'a jamais plus d'une mezoune. Pour le partage des héritages, le cadi a 10 0/0. Les droits en général sont peu de chose ; mais comme il dépend de lui de faire parler la loi dans beaucoup de choses, on achète sa justice moyennant des présents. On peut appeler de son jugement au *meglis cherif.*

Les baux. — Les baux de maisons, de jardins, les fermes des terres ne peuvent être passés que pour 3 ans seulement. C'est une loi de la jurisprudence algérienne. Le cadi dans son acte ne peut rien stipuler au delà de ce terme, quel que soit l'accord des contractants, et s'il le fait, la clause est nulle pour l'héritier d'un des deux contractants.

Le 12 de la lune de saffar, second mois lunaire de l'année arabique, on fête dans tous les pays musulmans l'anniversaire de la naissance du Prophète; c'est une grande fête à Alger, et on a coutume de se faire présent de petites chandelles rouges, bleues et de toute couleur.

Les fontaines. — Le beilik entretient les canaux de l'eau, et il y a un codgea qui est le vekil de cette partie : c'est une place à vie, mais qui rend fort peu. Personne ne peut faire venir l'eau dans sa maison, et un grand, avec grand'peine et en payant, peut en obtenir la permission. Toutes les fontaines sont publiques, et la grâce que l'on accorde plus facilement est de faire une fontaine publique près de la maison d'un grand qui en sollicite l'établissement pour l'avoir à portée.

Monnaie. — La monnaie est battue au nom du Grand Seigneur. Les Juifs afferment pour 2,000 pataques le magasin où on bat monnaie; ils travaillent gratis pour le beilik, qui a seul droit de faire battre de la monnaie d'argent. Il accorde aux grands cette permission pour une petite somme. D'une piastre d'Espagne, qui vaut 36 mezounes, il en fait 42. Pour les sequins au titre, chacun est maître d'en faire battre. On paye aux juifs pour droit de ferme 6 livres par marc d'or, et pour la façon 50 sols par marc. Les empreintes sont entre les mains d'un *emin* turc, qui les ferme à clef et qui est toujours présent lorsque la monnaie d'or ou d'argent se fait.

Obsèques. — Un homme qui meurt dans son jardin ne peut être transporté en ville pour ses obsèques. Aucun cadavre ne peut entrer par les portes de la ville : un raïs qui meurt à la Marine, qui se trouve hors de la porte, est transporté par bateau au cimetière.

Le premier soin d'un homme en place est de préparer sa dernière demeure : il achète un terrain hors de la porte de Bab Azoun ou de Bab el-Wad, il le fait enclore de murs, il y plante quelques arbres et des fleurs; au milieu il fait mettre son sépulcre, et à la porte de l'enclos, si les eaux sont à portée, il fait faire une fontaine pour désaltérer les passants. Baba Muhammed, le khrasnagi et les autres grands ont préparé leur dernier gîte du côté de Bab Azoun.

Lorsque le chef de la famille meurt père et époux, les femmes s'habillent comme si elles devaient sortir, et elles se tiennent dans l'*esquife* de leur maison pendant trois jours consécutifs pour recevoir les compliments de condoléance de leurs proches et de leurs amis.

Dépôt public. — Dans le *Batistan*, c'est-à-dire la petite place où se vendent les effets des prises et les esclaves, il y a une boutique qui appartient au vekil des biens de la mosquée; cette boutique est sacrée et sert aux dépôts publics. Un homme qui va en voyage, un homme qui meurt et qui laisse des enfants en bas âge, un homme même qui craint d'être volé chez lui met son argent en dépôt dans cette boutique avec son nom par-dessus. Cette boutique s'ouvre deux fois par semaine, et les propriétaires de l'argent peuvent alors aller prendre ce qu'ils veulent. Les tuteurs d'un orphelin ne peuvent ouvrir la caisse qui renferme de l'argent de leur pupille que devant le cadi, qui règle la somme qu'il faut prendre et qui cachète ensuite la caisse, qu'il renvoie sur le champ à ce dépôt. On prétend qu'il y a beaucoup d'argent dans ce dépôt, et on en fait monter les sommes à plusieurs millions. A la mort de ceux qui ont déposé dans cet endroit, le beït ulmalgi s'empare de ce qui leur appartient, en cas qu'ils n'aient pas d'enfants (1).

Neige. — Le 29 décembre 1788 et le jour suivant, il est tombé à Alger six à sept pouces de neige ; il est tombé deux pieds de neige dans la campagne. Depuis l'année que Baba Muhammed a été élu, il n'en était pas tombé en ville.

Petite vérole. — Janvier 1789, il y a déjà quatre ans révolus qu'il n'y a point eu de petite vérole à Alger. Les gens du pays prétendent que lorsque leurs enfants sont parvenus à l'âge de puberté sans avoir eu cette maladie, ils ne l'ont plus, que les enfants qui en sont attaqués en temps d'épidémie sont toujours au-dessous de l'âge de dix ans. Ils ont connaissance de l'inoculation, mais elle n'est point en usage à Alger, quoiqu'elle le soit dans les montagnes de l'Atlas, avec la superstition d'acheter le venin de l'enfant qui est malade.

Faits de guerre. — Charles-Quint arriva à Alger le 3 octobre 1785 [*lis.* 1541], et sa flotte battue par un gros temps, commandée par André Doria, alla mouiller dans le golfe de Temantefous, que nous nommons Matifoux.

Dans le mois de juillet 1775, les Espagnols firent leur infortunée descente auprès de la rivière dite l'Arach. Ils

---

(1) On lit ailleurs (f. 139) : « Les Turcs qui meurent ou qui vont en voyage ont coutume de déposer leurs coffres-forts dans les magasins du *Batislan ;* c'est un lieu sacré. Leurs enfants les retirent lorsqu'ils sont en majorité et leurs tuteurs n'y peuvent prendre ce qu'il faut pour leur entretien [qu'] en présence des codgeas et du caïd particulier de ce dépôt des prises. »

débarquèrent à la pointe du jour sans obstacle, et ils furent obligés de se rembarquer le lendemain de grand matin; une redoute de huit canons, dont ils auraient pu aisément s'emparer en débarquant, leur fit tout le mal et leur emportait à tous instants des files de soldats.

En juillet 1783, ils firent un bombardement qui fit beaucoup de mal à la ville, mais qui n'en fit aucun à la marine. Les Espagnols ne profitèrent pas d'une faute que firent les Algériens, qui épuisèrent leurs forces et leur poudre deux ou trois heures auparavant que la flotte fût assez près pour être endommagée par les boulets. Au reste ce n'était pas prudence de la part des Espagnols : la poudre se trouvait dans un bâtiment de transport qui n'était pas à portée. Dans ce bombardement, un canon crevé fit abandonner une chaloupe canonnière que les courants et les vagues jetèrent sur le rivage. Les Algériens en prirent le modèle et ils en firent sur le champ, pour bien recevoir les Espagnols lorsqu'ils reparaîtraient.

Leur second bombardement eut lieu en juillet 1784, mais les chaloupes canonnières et bombardières des Algériens tinrent leurs bombardes si loin de la ville qu'il n'y tomba pas une seule bombe. Barcelo, qui commandait dans ces deux expéditions, était un fort bon corsaire, mais il n'avait pas assez de science pour combiner les opérations d'une flotte aussi nombreuse. Elle partit avec un vent très frais qui fit peur, et les trois quarts des vaisseaux laissèrent leurs ancres et leurs câbles dans la rade. Les Algériens en ont retiré quelques-unes, et il aurait été à souhaiter qu'ils les eussent toutes retirées, car elles gâtent leur rade. Cette rade qui effraye est cependant très sûre, quoique ouverte aux vents d'ouest et de nord; la tenue en est très bonne, et je connais des gens qui sont ici depuis vingt-cinq ans qui n'ont jamais vu périr aucun bâtiment, quoique les Hollandais y aient souffert deux ou trois fois des tempêtes effroyables.

L'an 981 de l'hégire, vers 1574 de J.-C. (il y a maintenant 222 ans lunaires), Selim II, fils de Soliman, envoya son vizir Sinan Pacha, accompagné de Kilitch Ali Pacha, pour s'emparer du royaume de Tunis, dont les Espagnols s'étaient emparés en profitant des troubles qui divisaient les princes d'Hafs. Le vizir mit le siège devant la Goulette, dont il s'empara en 45 jours, et il fit détruire le château que les Espagnols y avaient fait élever à grands frais dans un intervalle de 43 ans qu'ils avaient possédé le pays. Sultan Selim avait envoyé pour cette expédition 200 bâtiments chargés de combattants et de munitions de guerre.

La seconde année du règne de Baba Muhammed, il déclara la guerre aux Vénitiens. L'affaire s'accommoda par l'entremise du consul anglais moyennant 31,000 sequins et le présent consulaire tous les deux ans.

En 1770, il déclara la guerre aux Danois, qui vinrent tirer des bombes dont aucune ne tomba dans la ville. M. Vallière fut envoyé à bord pour demander au commandant ce qu'il voulait; celui-ci écrivit qu'il voulait la paix à telles conditions et les frais de l'armement. Le dey, avant que la lecture de la lettre fût terminée, envoya ordre au vekil khradj de la marine de tirer sur l'escadre composée de douze vaisseaux, frégates et bombardes. Deux ans et demi après, la paix se fit moyennant 50,000 sequins algériens et 4 bâtiments chargés de munitions navales estimées 40,000 sequins, et cela indépendamment des présents et du rachat des esclaves, évalué à 30,000 sequins, et puis les frais de l'armement. Cette paix fut faite par M. d'Oglan, chef d'escadre et M. Suenson, consul danois à Tunis. Le consul danois qui était ici s'appelait d'Arvis (1).

---

(1) On lit ailleurs (f° 136) : « En 1770, les Danois se présentèrent pour bombarder Alger ; ils tiraient de si loin que les bombes n'arrivaient pas à un quart de lieue de la place. Les Algériens, bien loin de tirer, firent venir la musique sur le môle. Cette affaire s'arrangea moyennant 80,000 sequins algériens, dont 40,000 furent

La guerre des Vénitiens eut lieu à l'occasion d'un refus que Capriada fit au khrasnagi, qui devint ensuite dey, de racheter un esclave métropolitain en même temps qu'il rachetait les officiers napolitains emmenés avec les galères. Le consul se nomme Capriada.

Notes sur le mémoire de M. Ricaud, ingénieur au service de l'Espagne, et qui a été longtemps esclave à Alger, présenté par lui au ministère le 15 juin 1754.

Il fait monter la milice turque à 11 ou 12,000 hommes. On peut évaluer les Turcs qui sont répandus dans tout le gouvernement d'Alger à 7 ou 8,000, et c'est peut-être trop encore, vû que la peste depuis 1785 en a fait périr un très grand nombre qui n'ont point été remplacés par les recrues faites depuis.

Il évalue les Couloglis à 9 à 10,000. On peut les compter à 6,000 par la raison ci-dessus expliquée.

Juifs, 7 à 8,000 dans la ville d'Alger.

La population de la ville et de la plaine ennemie du gouvernement.

Les Cabaïls encore plus les ennemis du gouvernement.

Les moyens de faire sortir les Français d'Alger avant de commettre des hostilités. Dans le temps que l'auteur écrivait, la nation était nombreuse ; maintenant les Français sont réduits à la maison consulaire et à une seule maison de commerce. Une frégate devrait arriver dix jours d'avance et les recevoir à bord en mettant sur le champ à la voile.

Il veut attaquer Alger par la plage qui fait face à Bab-el-Wad. Ce lieu est véritablement moins fortifié que le

---

payés comptant et les autres en munitions de guerre ou navales, et en outre le rachat des esclaves payés à un prix très haut. Les Algériens, parmi les bâtiments dont ils s'étaient emparés, en avaient pris un chargé d'artillerie et parti d'Hambourg, estimé un million. » Cf. *Revue africaine*, année 1894, p. 325, « *Un chant algérien du XVIIIe siècle* ».

côté de l'est, mais ce qui vaut mieux c'est de descendre à la plage qui est entre le cap Cassine et Sidi-Faradj ; de là on vient prendre Alger par les derrières, qui ne sont nullement fortifiés.

Il veut attaquer Alger avec 26,000 hommes, tant à pied qu'à cheval.

La baie de Bab el-Wad, où il propose de faire la descente, est défendue par une batterie qu'on nomme le fort des Anglais et qu'il faudrait démonter avant de mettre pied à terre. Cette batterie consiste en six pièces de canon, dont quatre sont du calibre de 24 et les deux autres de 16. Elle fait face à la mer et ne paraît construite que pour défendre l'entrée de cette baie; cependant, elle peut recevoir deux pièces sur son flanc droit pour battre de revers une partie du rivage où on propose la descente. C'est pourquoi il faut battre ce fort et démonter son artillerie, ce qui ne serait pas bien difficile, parce qu'elle est à barbette.

Les papiers Venture de Paradis, qui formaient un fonds spécial lorsque fut commencée l'impression de ses *Notes sur Alger*, sont maintenant versés dans le Fonds français des manuscrits de la Bibliothèque nationale, et y figurent sous les nos 9,134 à 9,138 des Nouvelles acquisitions. C'est dans le volume coté sous le numéro nouveau 9,134 qu'il faut chercher l'original (Omont, *Nouvelles acquisitions du département des manuscrits pendant les années 1894-1895*, p. 70 ; extrait de la *Bibliothèque de l'École des Chartes*, année 1896, pages 161-196 et 339-372).

INDEX GÉNÉRAL

Aaldj, 51.

Abrouk, 37.

Sidi Abd ul-Rahmân, 43.

Affaires, comment traitées, 132, 142.

Aga, 71, 76, 95, 113, 117 ; aga des janissaires, 74 ; aga des deux lunes, 79, 118, 158 ; aga des sirkegis, 118 ; aga actuel, 87 ; aga des sipahis, 118.

Agriculture, 22 ; cf. Blé, Lin, Riz.

Ahmed Cogea, mukatâgi, 116.

— vekil khradj el-saghîr, 117.

Alexandrie, commerce avec Alger, 28, 32.

Alger, situation et antiquité, 2 ; population, 3 ; port, 4, 166 ; fièvres, 5 ; forces maritimes, 7 ; topographie et architecture, 7 ; rues, 10 ; administration, 11 ; industrie et commerce, 15 ; maroquins, 16 ; tapis, 17 ; exportation, 17, 31 ; importation, 28 et s. ; fortifications, 88 ; étendue du royaume, 136 ; population, 161 ; Français à Alger, 168.

Algériens, caractère des, 129.

Ali, mehellé agasi, 116.

— , beït ulmalgi, 116.

— , vekil khradg, 116.

Ali Pacha (de Tunis?), 61.

Amamé, 38.

Ambara, 37.

Amin, 34.

Amiral d'Alger, 118.

Anecdotes, 132 et s.

Anglais, Angleterre, 110, 135, 141, 142, 155, 156.

Animaux féroces, 111.

Appartements des grands, comment meublés, 120.

Arach, rivière, 165.

Armateurs, 40, 43.

Armée, 39.

Armes décorées, 120, 121.

— à feu, 122.

Armement des bateaux, 40, 43, 47.

Arnaouds (Arnautes), 62, 124.

Arsi, 159.

Arvis (d'), 167.

Arzeu, 21, 22, 24, 25, 32, 53.

Aschi, 77.

Aschi-bachi, 70, 72, 90, 151.

— du dey, 78, 114.

Askaf, 73.

Assabé, 36.

Al-cogeasi, 105, 106, 116.
Avaïd, 103, 104, 108, 112.

Bâb Azoun, 158, 160, 164.
— el-Wad, 158, 160, 164, 168, 169.
Baba Ali, 22, 59, 61, 62, 85, 96, 100, 101, 106, 112, 113, 114, 123, 126, 129, 144.
Baba Mohammed ben Othmân, 29, 59, 60, 88, 96, 99, 101, 102, 111, 112, 116, 123, 140, 167; cf. Mohammed.
— Torvo (Torto), 123, 124, 135.
Bach aschi bachi, 77, 105, 114.
Bach agha, 90.
— des sipahis, 75.
Bach chaouch, 95, 114, 118.
Bach deftergi, 116.
Bach jassakgi, 159.
Bagnes, 50, 51
Bandiera arriva, 157.
Bandiera bassa, 157.
Barcelo, marin espagnol, 166.
Batistan, 64, 164.
Bedâji, 38.
Beilik, ses propriétés, 2, 25, 116; son droit dans les prises, 48; procédés du, 87.
Beit ulmalgi, 11, 44, 82, 92, 116, 150, 165.
Belidé (Blida), 12.
Ben Zenet, 25.
Bernus, 17; — noirs, 39.
Bey, 79.
Bey du Ponant, 53, 62, 79, 83, 146, 148, 152, 153.
Bey de Constantine, 145, 152, 153.
Bey de Mascara, 23.
Bey de Titeri, 147, 148.
Beys, cérémonial d'arrivée à Alger, 152.
Beys de Constantine et d'Oran, redevances des —, 109.
Bijoux d'Europe, 145.
Biskris, 14, 115.
Blé, commerce du, 21, 22, 23; qualité, 22.
Bône, 21, 73; mesures de —, 151; distance de — à Alger, 14.
Borka, 37.
Boukha, 31, 77.
Bourgoul, 63, 67.
Bourreaux, 159, 160.
Brington, consul anglais, 155.
Buluk bachi, 70, 118.

Cabaïlis (Kabyles), 13, 127, 168.
Cacheriés, 57, 84; cf. Casernes.
Cadi, 11, 12, 162, 163.
Cadîd, 27.
Caffis, 21, 151.
Caftan, 36, 37; — du dey, 102; — de l'aga, des beys, etc., 104.
Caïd d'Alger, 11; — de Sébaou, 12, 13, 127; — des Juifs, 29; *Caïd zaubié*, 161.
Caïderies d'Alger, 12; leurs redevances, 12, 104, 148.
La Calle, 21.
Camp de Constantine, 70; — de Titeri et de Mascara, 72.
Camps et garnisons, service des, 64, 66, 67, 69, 84, 89.
Caourma, 27.
Capitaine du port, 118, 119.
Capitan prove, 54, 114.
Capo di golfe, 55.
Capoudan, 23.
Capriada, consul vénitien, 168.
Cara coullouctchi, 92, 94, 118.
Cara Muhammed Khrasnadar, 113.
Cara porta, 48.

Cara rolam alacarre, 114.
Caravana, 50, 55.
Cardes, 30.
Carreaux de faïence, 121.
Casba, 80.
Casernes, 83, 128, 139; cf. *Cacheriès*.
Cavalerie, 113.
Caxine, cap, 169.
Ceintures de soie, 16.
Chahid, 16.
Chaouch, 86, 90; — maures, 95, 114; — des garnisons, 73; — à robe verte, 70, 74-76, 79, 90, 92, 118.
Charles-Quint, 7, 165.
Château de l'Empereur, 6.
Châtiments, 74, 96.
Chechiet, 57.
Cheikh el-beled, 100, 148.
Chibirlé, 39.
Chidd, 38.
Chuhoud, 163.
Cire (achat de la), 9, 20.
Clous de girofle, 30.
Cogea des neubetgis, 10; — des prises, 49; — de la marine, 91.
Cogeat el-arab, 114.
Cogea *el-aschour*, 117; — defterdar, 59; — des chevaux, 117; cf. at cogeasi; — des zevaïles, 151.
Cogeas de l'ogeac, 90; grands —, 91.
Cogeas, costume des, 38; devenant drogmans, 47.
Colgi bachi, 161.
Commensalité, droit de —, 78.
Commerce, intérêt du —, 144, 156.
Compagnie d'Afrique, 18, 20, 21, 108, 141, 152.
Confiscation des biens du musulman captif, 136.
Constantine, baïks de —, 17; distance d'Alger à —, 15; cf. Bey.
Constitution défectueuse d'Alger, 109, 124; cf. Gouvernement.
Consul de France, 143.
Consuls, 122, 142, 155.
Contador, 107.
Conversion des esclaves, 51.
Corail, 108.
Correspondance du dey, 117.
Corsaires, 39 et s.
Corvée, 88, 90.
Coullouk, 86.
Coulouglis, 3, 76, 77, 79, 80, 91, 92, 115, 122; leur nombre, 168.
Crest, négociant, 142.
Cuirs (commerce des), 19, 20.
Cuisiniers, 77, 114; cf. Aschi.

Danemarck et expédition des Danois, 88, 103, 140, 144, 167.
Dar el-charcegi, 74, 79.
Dar el-emaret, 84.
Dar el-gihad, 137.
Dar jenitcherié, 84.
Dellis, 13, 21, 32.
Dépôt public, 164; cf. Batistan.
Dersa, 37.
Dey, demeure, 8, 81; où située, 9 et s.; manière de vivre, 8 et s.; costume, 39, 102; sens du mot, 98; traitement, 100; élection, 105; revenus, 108, 145, 118; comment il exerce ses fonctions, 119.
Dhaifé, 71.
Divan, grand, 74.
Divan d'Alger, 118; — *el-khas*, 118; — *el-aam*, 181; — du camp, 70.
Dofama, 73.
Dots des juifs et des musulmans, 65.

Douane, 29, 34, 117, 149.
Drogman du dey, 114.
Drogmans, 45, 47; — des consuls, 143.

Écrivains des esclaves, 50, 55; — du dey, 117; — des bagnes, 50.
Émigration, 56, 72.
Emin de la monnaie, 164.
Épée, port de l', 143, 155.
Esamé, 58, 63, 104.
Esclaves chrétiens, 41, 50, 83, 114, 116, 122, 143, 156, 161.
Espagne et Espagnols, 144.
Espagnols (expéditions des), 88, 97, 100, 101, 165.
Eveniés, 59.
Esquifé, 8, 10, 164.
Expédition contre Alger (plan d'une), 168.
Exportation des vivres, 35.

Felissa (Kabyles de), 13, 127.
Femmes : chemises, 16 ; haïks, 17 ; vêtements, 35 ; — des grands, 121 ; — de la campagne, 131.
Fête du 12 safar, 163.
Filles, 49, 128, 137, 159.
Flissa, 13, 127.
Flotte d'Alger, 7, 40.
Fontaines, 163.
Fort des Anglais, 169.
Foute, 36.
France et Français, 141, 142, 144, 165, 168.

Gandolphe, patron de navire, 133.
Garame, 25, 31, 100.
Gardian-bachi, 50.
Geôlier des prisons, 115.
Gerrah-bachi, 160.
Ghelila, 36.
Ghelila giaba douli, 38.
Gibraltar, 134.
Gigel (Djidjelli), 14.
Gild musbagh, 17.
Gimon (de), 23, 30, 87.
Giusdan, 17.
Golphe (ghorfa), 120.
Goulette (La), 167.
Gourdan, négociant, 142.
Gouvernement, composition du —, 96 ; procédés du, 113, 122.
Grands-officiers, revenus des —, 108.
Grenouilles, 131.

Hagi Mohammed Selami, 89.
Hagi Mohammed, vice-amiral, 47.
Haïk, 17, 37 ; commerce des —, 30.
Haremberg, commandant hollandais, 5.
Hassan, bachdeftergi, 116.
Hassan Cogea, neveu du dey Mohammed, 98.
Hassan Khasnagi, 82, 97, 115, 121.
Hazourgi, 71, 84.
Henné, 37.
Héritage des Maures et des Turcs, 44.
Hizâm, 38.
Hollande, 140, 144.
Horlogerie, 122.
Husseïn Khasnagi, 87.

Ibrahim Cogea cheikh, 106.
Ignorance du peuple, 131.
Impôt, 113, 148, 149, 161.
Iskemlé agasi, 95.
Isola piana, 61.

Jajabachi, 70, 118.

Jamac, 94.
Jataghan, 38.
Joldachs, équipement, 19 ; paye et nourriture, 26, 57 ; service, 39, 41, 71 ; embarquement, 48 ; recrutement, 57 ; leur vie au camp, 67 ; châtiment, 74 ; succession, 82 ; casernes, 83 ; mariage, 86, 90. — 89, 104, 122.
Joldach odalari, 84.
Jubé, 34.
Juifs, 29, 31, 34, 42, 65, 79, 87, 90, 148, 155, 158, 161, 163.
Justice, administration de la —, 162.

Kafis, 21 ; cf. Caffis.
Kebajé, 38.
Khalifet el-beled, 85.
Khalkal, 36.
Kharadj, 161.
Kheliaa, 27.
Khérédine, 4, 98.
Khrasnagi, 105, 107, 115, 117, 118, 120.
Khrasnadar, 113.
Khrasné, 9, 107, 115 ; cf. Trésor.
Kiaya, 73, 118 ; — de l'ogeac, 79.
Kiatib el-sirr, 117.
Kilitch Ali Pacha, 167.

Laine, commerce de la —, 18 ; achat de la —, 9.
Lancous, 89.
Langhien, consul anglais, 134.
Lieux de refuge, 85, 86, 160.
Lin, culture du —, 23.
Livourne, commerce de —, 15, 18, 28, 29 ; juifs de —, 18.
Lois de police, 155, 157 ; — somptuaires, 155.
Louis XIV bombarde Alger, 99.
Loyers, 151, 163.
Luxe, 121.

Macsoura, 8, 100.
Magnana, 23.
Mahié, 31.
Maison du dey, 113.
Maisons, architecture des —, 8, 121 ; — des femmes des grands, 121.
Malte, 124 ; comparaison avec Alger, 135.
Mardi, jour de repos, 119, 157.
Maroc, commerce avec le —, 32.
Marocains, sont sorciers, 131.
Marseille, commerce avec Alger, 28, 30, 33 ; Chambre de Commerce, 141.
Marset el-Kebir, 22, 24, 53.
Mascara, 53, 146 ; redevance du bey de —, 20 ; distance d'Alger à —, 15 ; bey de —, 23.
Mastabé, 10.
Matelots, 39.
Matifou, 165.
Mauratas, 53.
Maures à Alger, 3, 16, 29, 90, 113, 122, 129 ; cultivateurs, 129.
Mazoul aga, 74.
Medglis-cherif, 11, 157, 163.
Mehedié (Médéa), 12, 13, 148.
Mehellé agasi, 76, 105, 116.
Mehter-bachi, 115.
Meiban, 57.
Mekyâs, 37.
Menâkich, 37.
Mersa el-Kebir, 22, 24, 53.
Metidgé, 5, 6.
Mezouar, 128, 150, 158, 159.
Miliana, 23.
Mina, 23.
Mines, 25.
Ministres du dey, 115.

Misère des Maures, 129.

Mœurs, 97, 122, 128.

Mohammed, bey, 22.
— ben Othman, dey, 59, 60, 88, 96, 115; cf. Baba Mohammed.
— bey de Mascara, 153.
— pacha, 115.
— vekil Khradg el-kebir, 117.

Monnaie, 163.

Montegon, chancelier du consulat d'Espagne, 132.

Mosquées, 157.

Mosquée de Baba Muhammed, 100.

Mouchache de la golfe, 54.

Moulins, 3.

Mozabis, 14.

Msâis, 38.

Mufti, 11, 12.

Muhtesib, 34.

Mukatâgi, 116, 117, 151.

Mukataâ, 116.

Musique du dey, 103, 115.

Mustapha, at-cogeasi, 116.

Mutevelli, 11.

Naal, 17.

Naples, 124.

Napolitains aux galères, 51.

Navigation, droits de —, 152.

Neige, 165.

Neubet, 67.

Neubetgis, 9, 10, 115; — de la Casba, 67, 81; — du trésor, 81; — du palais, 68, 81.

Neubetgi cogeasi, 115.

Nourriture des indigènes, 26, 27, 162.

Obsèques, 164.

Oda-bachi, 70, 90, 118, 139.

Officiers des camps, 70, 72; — des garnisons, 72; — de police, 160; rapports des grands — avec le dey, 9.

Ogeac, 75; règles de l'—, 81.

D'Oglan, chef d'escadre, 167.

Oran esclaves d'—, 53, 54, 135, 147, 153, 156; Espagnols à —, 53.

Orphelins, 164.

Orta, 75.

Osman Cogea, 111.

Otac cherifi, 65, 69.

Oukils des habous, 11.

Pachas autrefois envoyés à Alger, 98, 108.

Pacha capousi, 9.

Palasca, 17, 39.

Papouches, 37, 39.

Passeport des navires, 133, 135.

Pavillon des minarets, 157.

Paye, 58, 70, 71; grande —, 65; — serrée, 58, 62, 80; divan de la —, 66, 75.

Pédérastie, 54, 84, 85, 128.

Peine de mort, 74.

Pèlerins musulmans, 30, 32.

Pertuseri, 41.

Peste, 18, 31, 33, 41, 52, 168.

Petite vérole, 165.

Piastre d'Espagne, 65.

Places et fonctions, 112.

Plumes d'autruche, 32.

Politique intérieure, 129; cf. Administration et Gouvernement; extérieure, 132, 135.

Port d'Alger, 4, 166.

Port-Vendres, 46, 133.

De la Porte, capitaine de vaisseau, 5.

Porte Ottomane suzeraine d'Alger, 98, 104, 137.
Portugal, 124.
Présents consulaires, 77, 78, 140, 141, 144.
Prises des corsaires, 46, 48, 109; partage des —, 48.
Prisons, 158.
Privilèges du consul de France, 143.
Procès, 157, 162.
Prostitution, 128 ; *cf.* Filles.

Rachat des esclaves, 52, 56, 61.
Rahba, 151.
Raisins, commerce des, 26.
Rapports d'Alger et des puissances européennes, 109.
Redevances des puissances européennes, 140.
Reïs, 42, 92, 118, 119; nomination, 43 ; tombés esclaves, 43 ; installation, 44; démontés, 45 ; nationalité, 45.
Renégats, 80, 105, 115.
Repas, 162.
Révolte des Arnautes, 124.
Ricaud, ingénieur, 168.
Riz, culture du —, 23.
Roûtich, 37.
Rubans, fabrication et usage, 15, 16.

Saca-bachi, 70, 72, 90.
Sahin, 8.
Saïgi ou *serraf*, 107, 113.
Saimé, 62, 64.
Saïs, 115.
Salah-Bey de Constantine, 33, 83.
Salah-Reïs, 57.
Salines, 24, 25.
Sangiacdar, 64, 73.
Sarma, 36.
Sbandouts, 65, 85.
Sbât, 39.
Sel, 24.
Selami, 51, 89.
Selim II, sultan, 167.
Service, régularité du —, 119.
Serwâl, 36, 38, 39.
Sidi-Faradj (Sidi-Ferruch), 169.
Sidrié, 38.
Sinan-pacha, 167.
Sipahis turcs et maures, 75, 113.
Sirkegi, 118 ; — *odasi*, 158.
Sofra, 67, 69, 75.
Soie, commerce de la —, 30.
Solac, 73, 114.
Soliman-Reïs, 46, 47, 133.
Sorciers, 131.
Souar, 36, 37.
Soukhra, 89.
Successions, 82.
Suède, 141, 144, 145.
Suenson, consul danois, 167.
Supplices, 158.

Tabac, culture du —, 24.
Tabarcains, 61.
Tahniya, 77.
Tape dabet, 162.
Tartoura, 94.
Taxe des marchandises, 33.
Tchelik, 162.
Telmessen, 32, 73.
Terlic, 102.
Teskéré, 117; — de provisions, 154.
Titeri, 18.
Tlemcen, 32, 73.
Topkhrané, 101.
Traités avec les Algériens, 156.
Trésor d'Alger, 60, 106 ; garde du —, 67 ; ouverture, 66 ; importance, 100.

Trigo, cogea du —, 91, 92.
Tripoli, suzeraineté de —, 105.
Tunis, exportation à —, 30, 31 ; *chachia* de —, 33 ; carreaux de —, 122 ; suzeraineté de —, 105 ; guerre de 1755, 61, 100, 107, 141, 167.
Turcs à Alger. 3, 127, 168 ; mode de gouvernement, 113 ; emplois, 115 ; métiers, 123.
Turquie, commerce avec Alger, 28.

Universités, 158.

Vaisseaux algériens, 40.
Vaisseaux du Roy, 143, 144, 154.
Vallière, 167.
Vast el-dar, 8.
Vekil khradj, 19, 111 ; — de la marine, 105, 116, 117-119 ; — des camps, 67, 72 ; — *el-kebir*, 117 ; — *el-saghir*, 117.
Vendredi, 119.
Venise et Vénitiens, 140, 144, 145, 167, 168.
Vêtements, 35.
Vivres, prix des —, 21, 26.

Yaya bachi, 70, 118.

Zavié de Sidi Abdul Cadir, 85, 160 ; de Sidi Abdul Rahman, 160 ; de Dedé Weli, 160.
Zelis, 121.
Zevaïls, cogea des, 91.
Zewawa, 13 ; caïd des —, 159.

ALGER. — TYPOGRAPHIE ADOLPHE JOURDAN. — ALGER.

www.ingramcontent.com/pod-product-compliance
Ingram Content Group UK Ltd.
Pitfield, Milton Keynes, MK11 3LW, UK
UKHW031846260826
14628UKWH00002B/623

9 782019 706159